放送大学叢書037

日本音楽のなぜ?

歌舞伎・能楽・雅楽が楽しくなる

日本音楽のなぜ？　歌舞伎・能楽・雅楽が楽しくなる　目次

はじめに

本書は一九九六年度から開講された放送大学「人間の探究」コースのうち「日本音楽の基礎概念」の講座の参考として「日本音楽のなぜ」の副題で書き下ろしたものを基にし、その後の知見を加えて書き直したものです。

一般的に日本の音楽はおもしろくないと言われて敬遠されています。TVでも新聞でもほとんど取り上げられません。つい最近までは人気があったのですが、新しい時代になって受け入れられなくなりました。悪口さえ聞こえてきませんし、それに対する反論もありません。音楽は演奏する人、聴く人、研究する人がいて初めて成立するものだと思います。そしてその場所も大切ですが、今はそれらのすべてが少なくなりました。

私はおよそ半世紀の間、主に近世の音楽を聴いてきたのですが、最近になって、このままでは日本の音楽はなくなってしまうのではないかと、心配するようになってきました。前書が形を変えてこの放送大学叢書の一冊に加えられることになりましたので、前書の一部は再録して発表することにしました。
本書をお読みいただいた方が、日本音楽に興味を持って、とくにナマ演奏を聴くようになってくださることを願っています。長い歴史のある日本音楽です。多くの種類がありますが、それらに共通する用語がありません。時代により表記もまちまちですから、はじめに必要最小限の用語について説明しておきます。

歌と語り＝日本音楽は大きく「歌もの」と「語りもの」に分けられます。歌ものは文字通り「歌う」音楽ですが、簡単に言えば「語る」音楽以外すべてと言ったほうがいいようです。「語る」ものは能楽と平家琵琶、近世の浄瑠璃ですが、「語る」音楽の一部が歌になっているものがあり、その反対のものもあるので複雑です。

歌と唄と哥と謡と詠＝すべて「うた」と発音します。それぞれ厳密には意味が違いますが、本書では区別しません。ただ能楽の「謡」だけは使い分けをしています。

浄瑠璃＝源義経が牛若丸の時代に、金売吉次に従って奥州秀衡を尋ねて行く途中、矢矧《やはぎ》の宿《しゅく》で浄瑠璃姫との恋物語を、三味線の伴奏で語った『十二段草子』が原形でした。ここから出た言葉です。固有名詞（個人名）が普通名詞になりました。近世の語りもの音楽の意味に使用します。

能と能楽＝古くは田楽能があったので、現行の一般的な能は「能楽」と表記します。

琴と箏《そう》＝古くは弦楽器はすべて「コト」と言っていました（琵琶のコトなど）が、今では「琴のコト」と「箏のコト」とを区別しています。「柱《じ》」を立てて一弦一音のコトは「箏のコト」、一弦多音のコト（一弦琴など）は「琴のコト」です。また現行のコトを雅楽の楽箏と区別して「俗箏」という人もありますが、これを使い分けるのは面倒ですから、本書では「箏のコト」をすべて「コト」と表記します。

絃と弦＝糸をピンと張ってそれを鳴らす楽器を弦楽器と言います。弦と絃の区別がなかった時代には「絃」も使いましたが、本書では「弦」で統一します。

地唄と地歌＝どちらも正しいのですが、江戸時代には江戸で「地唄」と書きました。上方の「土地の唄」の意とも、また上方舞の「地の唄」（伴奏の唄）の略とも言います。近年は「地歌」と書くようになりました。

守《かみ》・介《すけ》・掾《じょう》・目《さかん》＝もと中世の官職名だったのが名誉称号として江戸時代に使用され、前に国名をつけます。申請して与えられるのを「受領」と言います。守・介は大名に、掾・目は主に芸能人に与えられました。大掾、掾、少掾の三種類がありました。

節＝語りもの音楽、とくに三味線音楽では××節と書くのが正しいのですが、煩雑になるので、義太夫、常磐津、清元、新内《しんない》では「節」の字を略しました。

人形浄瑠璃と文楽＝同じものですが、幕末に興行権が植村文楽軒に移り、明治五年に文楽座が建てられ、大正年間に彦六座が滅びたので、人形浄瑠璃の別名となりました。

世と代＝本書では演奏家は×世、役者は×代であらわすことにしました。

五線譜は最小限度の使用にとどめました。

流儀の系図と年表は別図にまとめました。

◉第一章

日本には日本音楽があるのか

日本の音楽は下らない?

日本音楽と言ったとき、あなたはどのような音楽をイメージしますか。民謡でしょうか、それとも演歌・歌謡曲でしょうか。生まれ育った環境によってさまざまでしょう。若い方ならば今はやりのロックや映画の主題歌、あるいはスマホから流れるゲームの音楽でしょうか。ある年齢以上の方ならば「新しい音楽はわからない」と片付けて、童謡がいいという方もいるでしょう。

音楽という言葉は、ある一定のリズムとメロディーがあればあてはまる普通名詞です。ここではむずかしい定義を考えないで、私が見たり聴いたり考えてきた日本の音楽について、私なりに感じたことを申し上げたいと思います。

文化の輸入

どこの国にも、その国独自の音楽があります。日本は言うまでもなく東洋の島国で、四方を海に囲まれてきました。ですから日本独自の音楽が生まれ、育ってきました。歴史的な面でいうと、多分はじめは自然に祈る音楽があったと思います。それがやがて楽しみの音楽になり、民謡などに育っていったものだと思われます。

日本民族は、北から朝鮮半島を通って来た民族と南から海を越えて来た民族とが合流した民族だといわれています。そこで生まれた音楽は、次第に独自の音楽となりましたが、録音のない時代のことはよくわかりません。それでも遺跡から出土した埴輪の中に、コトのような弦楽器や笛の類がみられますから、古代にはそれらを使用した音楽があっただろうと推定することができます。

しかしどんな音楽で、いつ、どこで演奏されたのでしょう。想像するのは楽しいのでしょうが、これは「音楽考古学」とでも言うだけで、実態はわかりません。

日本の文化一般にいえることですが、とにかくどこかから輸入されたものが良いという考え方がありました。その土地でできたもの＝地元でとれたもの、あるいは地元にあるものは良くないという考え方です。

「下らない」感覚に

手近い言葉に「下らない」という言葉があります。昔の田舎などでは、帰りのお土産を渡すときに「下らないものですが」とか「地のもので」と言うならわしがありました。江戸時代の初期、十七世紀のはじめごろ、江戸はほとんど未開の土地だったので、江戸を徳川新政府にふさわしい都市にしようと土木建築ブームがおきました。まだ江戸独自の文化はなかった時代です。当時は上方（京都・大坂方面）の文化が栄えていました。上方で作られた品物は江戸よりはるかに優れていました。地元である江戸には、優れたものはなかったので、上方から下って来るものが良いものだったのは当然です。そこで「下りもの＝良いもの」であり、反対に「地元の物＝良くないもの＝粗末なもの＝下りものではないもの＝下らないもの」という言葉が生まれました。

こうした感覚はずっと続いて、明治維新を迎えると拍車がかかりました。西洋音楽は素晴らしい音楽である。それに比べると日本の音楽は下らない音楽であると。最近では国産品に優れたものがあることが知られていますが、それでも物によっては外国産のほうが良いという物もあります。ついこの間まで、海外旅行に出かけた人たち（女性が多かったようです）が海外で有名ブランドを買いあさって評判になりました。それは日本の歴史では奈良時代から長い間続いていました。そのことを音楽文化についてみると、古くは中国、とくに奈良時代に唐から最初の文化輸入が始まっていました。かなり長い間、文化のモデルは中国だったのです。

その中国文化を輸入してきたのですが、それをそのままではなく、日本化してきたところが日本のユニークなところでした。音楽・芸能では、まず舞楽を輸入しましたが、舞楽という字の通り、舞と管弦とが一緒だったのを分けて、管弦だけの雅楽を考えたところに日本的な特色があります。それが奈良時代から現在までほとんど変わらずに伝承してきたという特色があります。さらにこれは明治政府が組織を考え直して、見事に日本的な雅楽を完成させました。

しかし奈良時代には、演奏したり聴いたりしたのは、限られた上流階級＝貴族たちだけでした。このことはあとでまた触れます。楽器も理論書も輸入しましたが、これは当時の人たちには歯が立たなかったようです。貴族たちが演奏して楽しんでいたようすは『源氏物語』にも書かれています。貴族たちの音楽でした。

小鼓

大太鼓

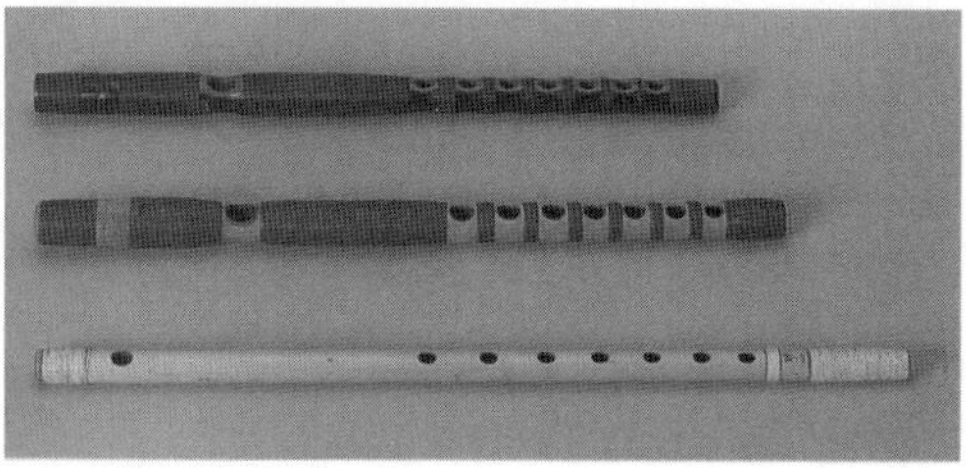
上から能管、龍笛、篠笛

大鼓

羯鼓

いずれも『江戸歌舞伎　歴史と魅力』(江戸東京博物館、1995年)より

武士たちの音楽

さて、時代が変わって武士階級が台頭してきますと、武士たちの音楽・芸能が生まれてきます。それが世阿弥（一三六三？〜一四四三？）を筆頭とする能楽です。能楽は楽器の数が少ないのが特色です。雅楽では大太鼓、笙《しょう》、楽琵琶《がくびわ》、楽箏《がくそう》、龍笛《りゅうてき》、篳篥《ひちりき》、羯《かっ》鼓《こ》、笏拍子《しゃくびょうし》などが使用されるのですが、能では能管、小鼓、大鼓、太鼓の四種類だけです（これを四拍子《しびょうし》といいます）。そして謡という歌が主で、内容は『平家物語』などから題材を借りた物語りです。舞楽・雅楽には物語りはほとんどありません。

この能楽もごく初期の頃のことはよくわかりませんが、それから七百年以上、今日まで伝承されてきて、現在でも見たり聴いたりすることができるのです。聴いたり演奏したりして楽しんでいたのは主に武士階級でした。

織田信長は能楽ではなく幸若舞《こうわかまい》を習ったようですが、それでもヨーロッパから来たチャルメイラ、あるいはトロンペイラという直管の金属楽器を聴いているようですし、どうもパイプオルガンも聴いたようです。それにくらべると豊臣秀吉は能楽を稽古したようで、自分でも作曲して舞っていた記録があります。江戸時代になると能楽は徳川幕府の式楽となりました。武士は謡の一節ぐらいは謡えなければ肩身が狭かったのです。

その名残は今でも続いています。能楽はいまでも習うことができるし、聴くこともできます。近年では世界遺産に登録されました。

三味線の伝来

中世の終わりごろ大きなショックがありました。それは鉄砲の伝来、煙草の伝来、そして三味線の伝来でした。前二者は同じく日本人にとって切っても切れない文化となりましたが、実は三味線の伝来ははっきりしません。

今までの説では、中国南部から沖縄に伝わり、そこから泉州堺に伝わったといわれてきましたが、中国との貿易がさかんであった時代とすれば納得できません。私は直接中国南部から堺に来たと思っています。多くの文化・芸能の類が朝鮮半島を経由して日本に入ってきたのに、なぜ三味線だけが南方経由なのでしょう。

それというのは朝鮮半島には三味線に似た楽器が今でもないからです。朝鮮の上流階級の間では、手の甲を相手に見せることが失礼だという習慣があったそうです。三味線の演奏では左右の手の甲を見せることになります。朝鮮半島に三味線がないのはこのためでした。中国北東部には三味線に似た弦楽器があったことはわかっているのですから、日本との間の朝鮮半島を通ってこなかったのは不思議でしたが、この風俗がわかると納得できます。

おコトに似た楽器はあります。これは手の甲を相手に見せません。ですから朝鮮の古典舞踊では踊りながら手の甲を見せないように長い袖の衣装で踊ります。日本でもそれを輸入して、貴族たちは手の甲を見せない礼儀を取り入れました。

その礼儀は早くに廃れたようです。しかし、一般には普及しなかったのですが、一部には残っていました。歌舞伎の舞台で、正式に挨拶するお姫様は、三つ指をついて手の甲を見せないお辞儀をします。誰がどうしていつごろこれを歌舞伎に取り入れたのでしょう。私にはまだわかりません。

三種類の日本音楽

さて三味線が輸入されてから、人形浄瑠璃と歌舞伎にむすびついて、すばらしい発達を遂げて、庶民（町人）に愛されるようになりました。貴族階級＝雅楽、武士階級

＝能楽、そして町人階級＝三味線、という楽器による社会が定着したのです。

ですから日本音楽というのは、歴史的にいえばこの三種類＝雅楽、能楽、三味線を言うのが正しいとも思われるのですが、雅楽は日本化されているといっても、日本独自のものではないから除外してもよろしいかとも思います。みなさんの感想はいかがでしょうか。

大きく分けると以上の三種類になりますが、このほかには農民などの間で唄われた民謡、神事で歌われた神楽歌、さらには江戸時代末ごろに流行した端唄《はうた》、小唄、うた沢、わらべ唄などもあります。明治以降の学校唱歌、軍歌、賛美歌、歌謡曲、俗曲の類なども日本の音楽ですし、はじめに申し上げた映画主題歌やゲーム音楽なども日本の音楽です。実に多種多様なのが日本の音楽なのです。

取り上げられない日本音楽

ここでちょっと申し添えますと、雅楽はめったに見たり聴いたりする機会がありません。宮中で四月ごろに特別公開されるのと、明治神宮、あるいは国立劇場での演奏会を除けば、見られない聴かれないといっていいでしょう。ほかに地方の神社、あるいは大学の研究会などでの演奏がありますが、たいてい一回限りの演奏なので、大新聞でもＴＶの放送でも取り上げられることは少ないようですし、ＣＤやＤＶＤの類も多くありません。

能楽は今でも盛んで、それぞれの流派が能楽堂を持っていて、演能会もあり、習う人もかなりいるようです。国立能楽堂では定期的な演能があり、特集を組んでＰＲにつとめていますから、その気になれば実際の能楽を知ることができますが、残念なことに雅楽と同じく一回限りの定期演能については大新聞では取り上げませんし、ＴＶでもめったに放送されません。

これは三味線音楽でも同じです。歌舞伎はたいてい二十五日間の興行で、その中にはかならず舞踊の演目がありますから、そこで聴くことはできるのですが、そこでの演奏家が誰であるのかは、ふつうのチラシなどではわかりません。ましてやその演奏がよかったのかどうかは、新聞批評には載っていませんから、三味線音楽は添え物のような扱いです。そのほかでは舞踊家個人の会や演奏家のリサイタルの類は、雅楽や能楽と同じように一日限りですから、完全に無視されています。舞踊も三味線音楽も、どうしても知りたいと思ったら、たいてい所属している団体に問い合わせるしかありません。

同じ一日限りの演奏会でも、オーケストラ、あるいはヴァイオリンや歌曲の独演会は取り上げられます。新聞、TVなどを見る限りでは、日本には日本音楽はないのです。

◉第二章

なぜメロディーがないのか

美しいメロディー

日本音楽のメロディーについて考えてみましょう。リズムと同じく日本音楽には有名なメロディーがないといわれますが、はたしてそうでしょうか。

たとえば雅楽「越天楽《えてんらく》」には美しいメロディーがあります。聴いてみれば納得されると思いますが、初めて耳にした人は多分「黒田節」に似ていると言うでしょう。能楽にはちょっと見当たりませんが、結婚式ではかならず参加者のうちの年配の人が謡い出す「高砂や、この浦舟に帆をあげて」は聴いたことがあるはずですが、最近では少なくなっているようです。コトでは「六段の調べ」や「千鳥の曲」ならどうでしょう。これもせいぜい「聴いたことがある」程度でしょうか。それよりかなり長いあいだ、お正月になると放送されていた宮城道雄の「春の海」のほうがポピュラーかもしれません。義太夫では「野崎村」か「卅三間堂棟《さんじゅうさんげんどうむなぎの》由来《ゆらい》」の「柳」でしょうか。長唄ならばやはり「元禄花《げんろくはな》見《み》踊《おどり》」になりそうです。

それが浄瑠璃系の三味線音楽になると、常磐津「将門《まさかど》」の瀧夜叉姫《たきやしゃひめ》のクドキ「嵯峨や御室《おむろ》の花盛り」、清元「三千歳《みちとせ》」のクドキ「一日逢わねば千日の」、新内「蘭蝶《らんちょう》」のお宮のクドキ「縁でこそあれ末かけて」などは、知っている人には美しいメロディーであっても、聴いたことのない人、あるいは初めて聴いた人には何のことやらわからないでしょう。ましてや一中節《いっちゅうぶし》「小春髪結《こはるかみゆい》」の「さりとは狭きご了見」とか、河東節《かとうぶし》「助六」の「思いそめたる五《いつ》ところ」などになれば、それこそ知っている人が少ないから問題になりません。

外国音楽との比較

こうしてみると、美しいメロディーというのは、まずどのくらいの人が知っているのかというのが第一の条件になりそうです。そうすると日本の伝統音楽は非常に不利でしょう。そもそも伝統音楽を知っている人が少なくなっているのですから、比較することはできません。

そこであらためて美しいメロディーといわれたときに、比較するのはどうしても外国の音楽になってしまうようです。メロディーという言葉と日本の伝統音楽とが結びつかないからです。そうしますと、知っている外国音楽と比較しますから、自分がなにかの理由で「知っている」か「聴いたことがある」音楽からメロディーを例に出します。

オペラ好きならば「蝶々夫人」の「ある晴れた日に」とか「トスカ」の「星は光りぬ」、「リゴレット」の「風の中の羽根のように」をあげるかもしれません。バレエ好きならば「白鳥の湖」や「胡桃割人形」、オーケストラならば「田園交響楽」「未完成」「第九」とか。歌曲好きならば「菩提樹」「鱒」ですか。それとも昔見た映画のテーマ曲をいう人もあるでしょう。たとえば「禁じられた遊び」など。

とくに歌われていた場合と、器楽だけである場合とでは条件が違っていますから、同じように比較するのは無理があります。一時期話題になった世界の三大テナーとか、美声でならしたオペラ歌手などの歌は、その歌い方の魅力で美しいメロディーと錯覚していることが多いようです。もちろん流行歌手でもアメリカ映画の主題歌も同じでしょう。

そうしてみると、メロディーというのがどういうものか考えさせられてしまいます。イメージが先行した錯覚でしょうか。

そうなると美しいメロディーは誰がどのような基準で判断するのが正しいのでしょうか。たとえば「世界の民謡における」という副題をつけたくなります。また日本にはオペラはありませんから、それが成り立つわけがないでしょう。日本音楽の中だけと条件をつけて、元にかえってもう一度考えてみようと思います。

生き残ってきた日本音楽

日本音楽は長い歴史があります。そしてそれはたがいに影響し合い、複雑な形をしています。一言では説明できません。別のところで申し上げるように、その根本には自然の神に対する恐れと尊敬がありました。そして言葉を大切にする伝統がありました。それらはさまざまに形を変えて、現在に至っているのですが、いまでも外部から影響をうけて、少しずつ変化しています。とくに明治維新と敗戦は大きな影響を与えました。また近年の電子機器の発達には恐ろしいものがあります。

そういう変化の激しい時代まで生き残ってきた、今まで伝承されてきたのが日本の音楽なのです。ヨーロッパ音楽と比べるのは、全世界相手に相撲を取るようなものでしょう。同じ土俵で勝負してもはじまらないと思うのですが、どうもそういう比較をしてメロディーを論じているように見えます。

それよりももっと日本的なメロディーを積極的に見つける、あるいは探す努力をしてみましょう。気がつかないだけで、すばらしい言葉とメロディーは日本の伝統音楽にあります。それを見つけるのはあなたなのですから、日本の伝統音楽を積極的に聴いていただきたいと願います。

世界のタケミツ

おしまいにここで「蝶々夫人」について一言。プッチーニが利用した日本音楽のテキストに問題があるのですが、とにかくこの曲の中で使用されている日本の音楽は「さくらさくら」「宮さん宮さん」「お江戸日本橋」、それに長唄「越後獅子」の「己が姿を花と見て」のあたりです。これを聴き分けているオペラファンは少ないでしょう。もっとも初歩的かもしれないけれども、プッチーニはもっとも日本的なものだと感じて利用したのだといえるでしょう。

もう一つ今度は反対に、世界に通用する武満徹の場合を考えてみましょう。彼の場合は昭和四十一年（一九六六）に、日本の楽器を使用してヨーロッパ音楽とは違った音の世界を作りあげました。その最初の曲は尺八と琵琶による「エクリプス（蝕）」（ECLIPSE）でした。そしてさらにニューヨークフィルハーモニー管弦楽団創立一二五周年記念委嘱作として作曲・初演された尺八と琵琶と管弦楽のための「ノヴェンヴァー・ステップス第一番」（NOVENBER STEPS 1.）によって世界のタケミツになりました。

日本の音楽の伝統で言えば、尺八と琵琶を合奏することは考えられません。しかしこの異質な楽器を組み合わせることによって、新しい音楽を作りあげたのです。そしてその中には、日本的な音のない音、つまり完全な空白、様式化された日本の音楽、自由リズム、自己完結する個人の創造性を持ち込んでいました。言い換えればもっとも日本的なものが、もっとも普遍性をもち、もっとも創造的だったのです。

◉第三章

なぜノリが悪いのか

話題にならなかったリズム

日本音楽にはリズムがない、あるいは乏しいという人がいます。リズムというのは西洋音楽での考え方です。その意味では日本音楽のリズムの基本は二拍子です。しかしそれがはっきりしない曲もありますし、まったくない曲、たとえば三味線音楽の中に取り入れられた民謡、あるいは尺八曲など。たしかにラテンアメリカの人やアフリカの人たちのリズム感にはすばらしいものがあり、彼らの音楽はリズムそのものという感じがしますが、リズムではなくビートをきかせた音楽と言っていいでしょう。

最近では日本人の若者たちの間でリズム感にあふれた音楽が聴かれるようになりましたが、今一歩なにかが欠けているように思います。江戸時代でも日本音楽にはたしかにリズムのある音楽はありましたが、リズムそのものがあまり話題になっていなかったようです。

外国育ちのリズムを受け入れた最初は、たぶん鹿鳴館でのダンスだったでしょう。そこではウインナワルツが踊られていたようです。日本音楽では明治十一年（一八七八）に初演された「元禄花見踊」で三世杵屋正治郎が作曲したのが最初でしょう。しかしこれはワルツではなく三拍子でした。これは作曲者が三年前に横浜でアメリカの軍楽隊の演奏を聴いて、その影響をうけたのだろうといわれています。しかし三拍子も「元禄花見踊」の一部で、全曲三拍子ではありませんし、その後の作曲作品にも三拍子の曲はありません。しかしそれらしい三拍子の曲がないことはないのですが、そのことは後に記します。

ダンスとリズム

大正の終わりごろから戦前まで、都会ではダンスが盛んになり、ホールも多かったようです。ヨーロッパから帰国した平岡権八郎という人が、大正七年（一九一八）に鶴見の花月園舞踏場というのを設けたのが日本最初のダンスホールでした。東京でダンスが盛んになるのは大正十年からです。教習所が中心で、ホールそのものは関西が先行していたといわれます。しかし「ダンスをする者は国賊」とか、「日本には必要がない文化」というような意見が強く、ホールは一時なくなってしまいます。

昭和二年(一九二七)に東京駅前に「東京舞踏研究所」(のち日米ダンスホール)が開場、続いて赤坂にフロリダ、神田に和泉橋、新宿に帝都などが誕生して、ホールは昭和四年(一九二九)には二十九カ所あったのが、次第に淘汰され、ダンサー七百七十人というのがピークでした。

ダンスを楽しんだのは主に学生、芸者でしたのではじめから風紀上の問題がつきまとっていました。とにかく日本にはそれまでになかった風俗、つまり公衆の面前で男女が抱き合って踊るのですから、ショックは大きかったようです。

これは昭和十五年に禁止されてしまいます。戦後に解禁されると、爆発的に流行して社交ダンスブームを迎えます。そのブームもやがて静まったのですが、近年ふたたび復活したように見えます。しかし若い人の間では社交ダンスではなく、単純なリズムのディスコダンスが中心になっていることに注目すべきでしょう。教室で習うことを嫌い、自由に踊るようになったのです。

「新内流し」でダンス

ここでエピソードを一つ。それは日本がアメリカ軍に占領されていた時代、進駐軍が余暇に日本の芸人を呼んで、日本の伝統芸能を演じさせました。その中に新内の演奏家が呼ばれ、新内を演奏させたあと、これからダンスパーティーをするので音楽の演奏をしろと注文されました。新内人はダンスの音楽は知らないからできないと断ると、あれで踊れると言うのです。

聞いてみると「新内流し」でした。新内の演奏をする前に、新内について簡単なレクチャーをしたのですが、そのときの新内流しでいいのだと言われてびっくり。彼らはスロー・ルンバで踊って楽しんだそうです。

この話を浅草のカルチャー教室で話したところ、戦前の大阪のダンスホールで踊ったことのある人がいました。それによると戦前のダンス音楽は生演奏で、バンドの連中は時々は休憩しなければならない。その休憩時間に器用なダンサーがいて、三味線で新内流しを演奏してくれたので、それで踊ったことがあるということでした。

日本的なリズム

このように日本人にはとうていリズムを感じない音楽でも、外国人は感じるのです。リズムに対する感覚が根本的に違っているのです。歴史的に長い時間どのような暮らし方をしてきたのかによって、その民族のリズムは決まるのでしょう。

日本人は長い間、水田稲作農業を中心にして暮らしてきたので、日本的なリズムが生まれてきたのです。水田あるいは畑のさまざまな労働では、躍動的なリズムは必要がないし、生まれません。こうした日常生活の身体は、自然に静かな二拍子のリズムを作ってきました。それも強弱のない、ビート感もない、おだやかな二拍子でした。

そのおだやかな二拍子は、俗に「表間《おもてま》」と「裏間《うらま》」の組み合わせという独特なリズムを作りました。これが日本民族に適したリズムだったのです。もっともそれだけでは不足してしまうので、強弱をはっきりさせた音楽も生まれました。各地の盆踊り、民謡、あるいは三味線音楽にも見られます。

たとえば義太夫の「野崎村」のように本来語りものとしてできた音楽でも、そのおしまいの部分では、賑やかではっきりしたリズムが出てきます（これは歌謡曲「野崎参り」

の元です）。また長唄「娘道成寺」のチンチリレンの合方のように、はじめは非常にリズミカルですが、次第にテンポが早くなり、急激なリズムのうちに終わるものがあります。そのほか「石橋物《しゃっきょうもの》」あるいは「獅子物」といわれる曲の獅子の狂いは、リズムがはっきりしていますが全体ではありません。リズムのはっきりしたところと、リズムのない部分とが組み合わされて変化のある曲になり、それが喜ばれました。たとえば長唄では「越後獅子」の浜唄、あるいは「紀文大尽《きぶんだいじん》」の浜唄などです。

リズムを超えたおもしろさ

さて日本のリズムは二拍子ですが、前述したように強弱はありません。二拍子を三つ並べてそれを半分にすれば三拍子になる理屈ですが、これは三拍子というよりは三連符でしょう。こうした例は長唄でいうと「三番叟《さんばそう》」「鷺娘《さぎむすめ》」「汐汲《しおくみ》」などで見られるのですが、これを三拍子とは言わなかったし、その意識もなかったようです。

日本人が西洋の音楽を自分のものにした最初は、たぶん「美しき天然」ではなかったかと思います。明治三十五年（一九〇二）にできたこの曲は、日本人が初めて作曲したワルツでした。「天然の美」ともいうこの曲は、その後サーカスや市中音楽隊によって日本全国に広まったようです。しかしあとは続きません。主に童謡や流行歌で使われました。そのほかではブルースも同じでしたが、正確なリズムは一般には定着しなかったと言っていいでしょう。ワルツもブルースも、一時は流行しますが、素人が歌うと相変わらず民謡調歌謡曲になってしまっていました。

しかしその日本的なリズムは、舞踊のためには適していたのです。長唄、常磐津などでは、道行などで必ず踊りを伴います。舞踊は体操ではありません。身体を動かすのですから、機械的なリズムは適していませんし無理です。

そのため舞踊のためには自由なリズムが使われることになります。舞踊のためにできた曲は、ある程度の自由リズムはあるのですが、清元になるとリズムは取るのが難しくなってきます。「クドキ」の部分になると、リズムがあるのかないのかわかりません。さらに、あってもわざと「ずらす」振りがあります。正確に同じように踊ったのでは、体操になってしまい、おもしろくありません。その代わり「手踊り」の部分ではリズムを意識した作曲がなされています。舞踊では一つの曲を一つのはっきりしたリズムで通してしまうと、それこそ味のないつまらない踊りになってしまいます。リズムを使い分けて変化があるほうが面白いのです。

リズムのない音楽もあります。小泉文夫はこれを「追分《おいわけ》音楽」と名付けましたが、各種の民謡の中にはたとえば「南部牛追唄」のようにリズムのない音楽があります。地歌や小唄にもリズムのない曲があります。ないから自由に唄えるという利点があります。とくに尺八曲の「鹿の遠音」や「鶴の巣籠」などはリズムを越えた面白さと楽しさにあふれています。

日本のリズムがあった

日本の古典芸能には、長い間、農業国として暮らしてきた経験から生まれたリズムが根本にあります。それから考えると、近年のわずか百年かそこらで、日本のリズムが変化するとは思いません。

たしかに若い人たちの現在の新曲や、ジャズ紛いのおコトや三味線音楽には、ディスコダンスやイベントに向いているものがあります。というよりはそれに向く音楽が大量に生産されているようです。

見た目では派手ですし、大勢で楽しむようにできていますが、次項でも申し上げるように、歌詞というか歌の文句がわかりません。ＴＶなどで見るかぎりでは、何を言っているのかさっぱりわからないのですし、怪しげな英語をはさんでいたりして、これが日本の音楽とは思えません。

さらに聞くところによると、これらの音楽は、はじめにリズムとメロディーがあり、作詞家がそれに合うように、あとから歌詞を考えるのだそうです。ＴＶの画面に歌詞が流れてくるのを見ても、とうてい日本語とは信じられません。ノーベル文学賞を受賞したボブ・ディランの歌詞は（英語ですが）、たしかに主義主張があり、それにふさわしいリズムとメロディーとが一体化していると思います。

日本の現在のような新しい音楽を聴き慣れた人にとっては、リズムにあふれた音楽だといわれるでしょうが、この音楽はいつまで続くのでしょう。明治維新後のワルツやブルースのように、あるいは戦後のブギウギのように、やがては流行から遅れた音楽になってしまうのでしょうか。

日本には日本のリズムがありました。繰り返しになりますが、四方を海に囲まれた島国で、農業国として暮らしてきた日本人が、長い間かかって作り上げてきたリズムは、外国で生まれたリズムとは根本的に違います。基本的には強弱をはっきりさせない、むしろ時には強弱のないリズムだと思われます。自由リズムなのです。それが形を変えたのが、民謡、尺八、小唄、歌謡曲などに見られます。

その例はときどきどこかでお目にかかります。たとえば「ここはお国を何百里」で始まる「戦友」というリズムのはっきりしていた軍歌がありました。これを森繁久弥が歌うと演歌になっていましたし、知人には賛美歌まで演歌調で唄っていたのを聴いたことがあります。本人は実に楽しそうでした。

最近ではむしろこの日本的なリズムに興味をもつ外国人が増えてきました。尺八曲をお稽古する人は、自由リズムの音楽として古典本曲を積極的に稽古するようです。尺八愛好家は全世界にかなりいるようです。もちろん尺八は三曲合奏のほか、民謡の伴奏、詩吟(吟詠)などにも用いられ、自由リズムの利点をいかした楽器として喜ばれていることはいうまでもありません。

◉第四章

なぜ何を言っているのかわからないのか

敬遠される日本音楽

日本音楽を敬遠する理由の一つに、何を歌っているのか「わからない」という意見があります。同じ理由でしばらく歌舞伎が敬遠されていた時代がありました。

しかし最近では若い人たちが歌舞伎を見るようになってきました。歌舞伎座がつい最近改築されて観光名所の一つになり、役者も世代交代がすすんできて、新しいスターが出てきました。また近年ではアニメや劇画などを脚色した新作も生まれてきましたし、私も関係しているイヤホンガイドという同時解説も普及し、さらに世界遺産に登録されたことから、解説書も多数出版されるようになり、歌舞伎は盛んになってきました。

さらに最近では一種の江戸ブームもあって、江戸時代とその社会や風俗、生活などを見直すようになってきました。しかし同じ江戸時代でも、音楽だけは今でも敬遠されているように見えます。なぜでしょうか。ここでは江戸時代に生まれ育った三味線音楽について考えてみようと思います。

「聴いたことがある」から「わかる」へ

日本音楽について、その歌詞あるいは文句がわからないといいますが、同じ日本人が書いて日本人が作曲し、日本人が日本語で歌って（語って）いるのだから、わかって当たり前だという思いこみがあるようです。

しかしその「わかる」というのはどの程度なのでしょう。極端な言い方ですが、それは瀧廉太郎の「荒城の月」か「花」、あるいは山田耕筰の「からたちの花」くらいの程度ではないでしょうか。あとは学校唱歌、歌謡曲か民謡、わらべ唄になってしまいます。それが悪いというわけではありませんが、この程度に「わかる」ことを望んでいるようです。

この程度のわかりやすさは、考えてみると「自分で歌える」「習ったことがある」

「いつも聴いている」「聴いたことがある」になるでしょう。わからない理由は考えてみると「聴いたことがない」「習ったことがない」「自分で歌えない」からだということになります。

同じことが歌舞伎についても「見たことがない」から「わからない」し、「退屈らしい」という理由で見に行かなかった人が、「世界遺産に登録された」ので「最近話題になっている」から一度ぐらい見ておかないと「流行に遅れる」し、「教養がない」と思われるから見に行くようになり、やがて何度か見ているうちに面白くなって、そのうちにファンになってしまいます。

同じようなことがその前にオペラでありました。一度も見ていないと「教養がない」と思われるし、「流行に遅れる」。入場料が高かったので、見に行くのには時間的金銭的な余裕がないと、そう度々オペラ鑑賞はできませんでした。それでオペラを話題にする人はそれだけ生活に余裕があることを示すことができたのです。

幸いなことに日本で上演されるオペラはレパートリーが少ないので、同じ曲を繰り返し見る（聴く）ことになるので、はじめはアリアだけを楽しんでいたのが、やがて筋も「わかる」ようになります（オペラの筋は単純です）から、やがてファンになりました。

「聴いたことがある」のが「わかる」結果につながるのです。

江戸幕府による締めつけ

歌舞伎のレパートリー(演目)の一つに「勧進帳」があります。舞台は「安宅の関」ですが、それをもじって「またかの関」といわれるように、今まで何回上演されたかわかりません。舞踊でいうと前に紹介した「娘道成寺」も「勧進帳」ほどではありませんが、人気のある演目です。

残念ながら日本音楽にはオペラのような音楽はありません。とくに江戸時代に発達した三味線音楽にはありません。同じように考えるのは間違っています。ちがってしまった理由の一つには、江戸幕府の政治的な締めつけがあったからだと思います。江戸時代の人間は「朝は朝星、夜は夜星」というように、貧乏な庶民は一生懸命に働けというものでした。一生懸命に働くのですから、たとえば「鼻歌まじり」で働いてはいけません。まじめに働くのが正しい生き方だと教えました。

ですから遊ぶことは悪いことでした。江戸庶民が楽しみにしていた歌舞伎は吉原と並んで「二大悪所」とされました。悪所は当時の郊外に移転させられましたし、歌舞伎の役者は人間以下の扱いを受けていましたし、贅沢をしているのはけしからんと、江戸十里四方追放処分になった役者もいました。

三味線音楽も宮古路豊後掾《みやこじぶんごのじょう》のように、新しいものを始めて人気が出てくると、舞台で演奏することが禁止され、ついでにお稽古することも禁じられ、おしまいには江戸から追放されてしまいました。

人気者は幕府に嫌われ、政府批判になるような流行り歌は禁止されていました。とくに女性の活躍はカンにさわったようです。たとえば人気のあった女流義太夫は禁止になり、三味線は没収して焼却処分、演奏家はしばらく蟄居を命じられました。幕府は江戸庶民が平穏に暮らして行くことを理想としていたのです。

庶民の楽しみだった音楽

それでも庶民の趣味は盛んになりました。上方で人気のあった義太夫も、習う（お稽古する）人が増えて、落語の「寝床」のような状況になりました。「寝床」のお話はこうです。義太夫に凝った大家の語りを、店子や使用人がしぶしぶ聴きにくるが面白くない。酒と食べ物が出ても退屈したみんなが寝てしまうが、小僧一人は起きている。

「お前は私の義太夫がわかるのか?」「いいえ、そこが私の寝床なんです」と。

清元が流行したときには職人が風呂帰りに手拭いを肩にかけて唄いながら帰ったそうです。それでも長唄や常磐津には長い曲が多かったので、その一部（サワリまたはクドキなど）や歌舞伎のセリフが流行して、ふだんの生活に使われました。義太夫ですと「そりゃ聞こえませぬ伝兵衛さん」、歌舞伎ですと「思い掛けなく手に入る百両」「絶景かな絶景かな」など。江戸時代も末ごろになると、短くてしゃれた端唄が流行し、やがて小唄やうた沢に発展しました。

とにかく歌舞伎やその音楽は庶民にとっての楽しみでした。多くの庶民が習うようになります。聴いているだけでは満足できなくなり、自分で歌いたくなります。それで江戸の町中には何でも教える「五目《ごもく》の師匠」が生まれました。

義太夫はもとより長唄、常磐津、富本、清元から新内、端唄、都々逸《どどいつ》など、俗曲といわれるものなら「五目」にふさわしい師匠がたくさん出たのです。職人ならば朝早くから働き、午後三時ごろになると仕事を止めて風呂屋に行き、夕飯をすませて寝るまでのひととき、寄席に行くか師匠の家でなにか少し習うという暮らしをしていたそうです。

それとは別に子供の「お稽古ごと」が盛んになります。オペラと同じように、子供をお稽古に行かせるのは、それだけ暮らしに余裕があることを証明していたからです。貧乏人の子供は五、六歳になると女の子は子守に、男の子は小僧になって働いたのですが、それが働かなくてもよい家の子だということになりますから、お稽古は必要でした。そして町人の娘は大名家に「行儀見習い」として二、三年勤め、やがて良家に嫁ぐのが理想でしたから、「お稽古」は必要でした。富本に人気があった十九世紀の終わりごろには富本を稽古していると。有名な大名家の奉公が有利だったことがありました。大名家でも音楽は盛んだったのです。それで嫁入りのためにおコト、三味線、などを習い、お茶とお花を習うことが流行しました。

わからなくて当然

日本における音楽は、趣味であれ教養であれ、自分で歌うことが基本の考え方でした。平安時代には貴族たちが、雅楽を自分で唄ったり楽器を演奏して楽しみました。前述のように、そのようすは『源氏物語』に出てきます。その後の武家の時代になると、能楽の謡を自分で謡い、楽器を楽しみました。さらに江戸時代には日本は鎖国でしたから、ほとんど単一の民族であり、単一の言葉を話していました。

さらに江戸時代には農業中心経済が変化して貨幣経済中心の社会になり、寺子屋という教育が普及して、誰でも「読み書き算盤」ができるようになりました。十八世紀初めごろの識字率は当時世界一だったそうです。寺子屋は簡単な日本の歴史と『古今和歌集』などの和歌や、『源氏物語』『平家物語』などの古典文学、さらに中国古典の「四書五経」などの入門、地理として地方の特産品などと、社会人として必要最小限の知識を教えましたから、ここに通えば、ある程度の常識は身につきます。

ですから書物の出版もさかんで、同時代の井原西鶴の小説やその他の物語りや俳句などからも影響を受けて、お互いの言葉もほとんど「わかる」社会になっていたのです。

その点ヨーロッパのように隣の人が違う言葉を話したり、貨幣の単位が違ったり、宗教が違ったりということはなかったのです。各藩ごとに関所を設け、制限はありましたが、交通は発達していましたので、原則的には一つの国家でした。鎖国制度はありましたが、国の中は平和な暮らしが続いていたのです。

初期の浄瑠璃は英雄豪傑や伝説の人物が主人公でしたが、やがて庶民が主人公になると同時代を反映して、歌詞も変化します。俳諧や川柳の人気が出ると、言葉の「移り」を大切にするようになります。直接的な表現ではなく、真綿でくるんだような言い回しや、かけ言葉、風刺やしゃれ、笑いなどが取り入れられます。そして音楽にも、雅楽、謡曲、漢詩、仏典、琵琶などのほか流行り唄、民謡、わらべ唄など、ありとあらゆる音楽が取り入れられるようになります。

題材によって登場人物も、天皇から貴族、英雄豪傑、大名、しがない武士、聖人、僧侶から大商人、百姓、職人から遊女や乞食まで、ありとあらゆる人物が登場いたします。その人物がたぶんこのように話しただろうと、泣いたり笑ったり怒ったりします。当時の階級制度とは関係なく動き回りますから、はるか後の現在、これをいきなり「わかろう」とするのは無理というものです。わからなくて当然だと思いますが、いかがでしょう。

さらに生活の変化がありました。とくに戦後の変化は急激でした。終戦ごろにはあった生活用品はほとんど姿を消してしまいました。さらに最近の電子機器による変化は恐ろしいほどで、十年前には想像もできなかった品物が氾濫しています。

私は長年歌舞伎のイヤホンガイドをしていますが、十年ほど前に録音していたときに「長押《なげし》から槍を取って」としゃべったところ、担当の若いオペレーターから「長押ってなんですか」と質問されました。「ええっ、長押を知らないの？」とこちらから聞いたことを忘れません。

今さらとは思いますが、江戸時代からあった住居では、床の間、違い棚、長押、枕屛風、障子、手水鉢、縁側などがなくなりました。江戸時代からといえば、行燈《あんどん》、火打石、付け木、消し壺、竈《かまど》は言葉だけ。ましてや「竈の下の灰」まで買いに来る人がいたことなど、今の人には想像もできないでしょう。家の中では便所がトイレになり、廊下や井戸、さらに蚊帳や蠅取り、長火鉢、ちゃぶ台など、つい最近まであったものが姿を消しました。

毎日の暮らし方も変わりました。私が今でも忘れられないのは、次のような言葉です。それは夕飯を食べ終わったとき、お櫃にはお茶碗一杯のご飯を残しておきなさいというのです。電話もなく、ましてやスマホもなかった時代、人を訪ねるときには、前もって手紙で日時を知らせておきましたが、どうかすると急用ができると、夜間に訪ねなければなりません。そういう人が来たとき、熱いお茶は当然のことながら、遠くから歩いて来た人は空腹にちがいないから、たとえお茶漬けでもふるまうのが本当のもてなしなのです。

能楽の「鉢の木」とそれを脚色したいくつかの曲を聴いたとき、大切にしていた梅松桜の盆栽を焚いてもてなした佐野源左衛門を思い出しました。今のようにいつでもコンビニが開いている現代の都会では考えられないでしょう。

それでも歌舞伎を見続けていれば、舞台装置や小道具などで、ある程度の江戸時代の常識、暮らし方はわかってきます。歌舞伎が好きな外国人もかなりいます。中には外国人のために英語でイヤホンガイドをしている人もいます。そのうちの一人に質問したところ、江戸時代の日本人の暮らしはほとんど理解できるということでしたが、実際の舞台を見てショックだったのが、枕だったそうです。あの箱枕は想像できなかったのです。現代の女性たちには理解できるのでしょうか。

自然に「わかる」状態になる

このように「わかる」というのは難しいことですが、しかしすべてを「わかる」必要はありません。それよりも歌舞伎でいえば、登場人物の心理状態やそれに伴う動きの表現が大切です。今なにを考えているのか、それをどのように表現しているのかがわかれば、面白くなります。「語りもの音楽」である浄瑠璃＝義太夫、常磐津、清元などを聴くときも同じです。時代が変わっても、人間はそう変わるものではないと思います。形のないものを語るのが日本の音楽です。百年や二百年では変わらないものを、どのように説明してくれるのか、それを味わうのが楽しみであり、それが「わかった」ときが至福のときであり、「生きていてよかった」と言えるときだと思います。言葉の枝葉末節にこだわることはありません。無心に受け入れる余裕があれば、自然に「わかる」状態になれるはずです。

同じことはオペラでもありました。オペラはたいていイタリア語です。題材も時代も人物も習慣もそれぞれ独自の世界です。イタリア語は知らないのに、イタリアの歴史も風俗もわからないのに、何回か見て（聴いて）いるうちに「わかった気」になりますが、それと同じことでしょう。日本の音楽も歌舞伎を何回も見て（聴いて）いるうちに「わかって」くるはずです。ただ音楽だけを聴きたい、そしてわかりたいというのは現在の日本ではかなり贅沢な希望です。そのことについては別項で詳しく記しましょう。

◉第五章

なぜ指揮者がいないのか

箏がテンポの主導権を握る

日本音楽、とくに歌舞伎の音楽では、たとえば長唄の「京鹿子娘道成寺《きょうがのこむすめどうじょうじ》」では、舞台正面に唄方が十人かそれ以上、三味線方もほぼ同じ人数が横一列に並んでいます。こういうときには十挺（丁とも書く。三味線方）十枚（唄方）と言います。そしてその前には笛（たいてい一人）、小鼓三人（多いときには五人）、大鼓二人、太鼓一人が並んでいます。音楽の演奏家だけで二十五人ほどが出ているのに、指揮者はいません。「勧進帳」でもほとんど同じですが、太鼓はいません。初めて見た外国人が驚きますが、演奏が始まると、指揮者がいないのに整然と揃っているのにびっくりいたします。オーケストラでも合唱でも、現在のふつうの音楽演奏会では指揮者がいるのは当たり前ですし、その指揮者はスターです。

ヨーロッパ音楽で指揮者がいないのは弦楽四重奏くらいですから、不思議がるのは当然です。それにやや近いのが能の四拍子で、笛、大小の鼓、太鼓（いないときもある）で計四人、それに斉唱する地謡《じうたい》が十人ほど。これにも指揮者はいません。能楽は主役であるシテの芸能ですから、シテが指揮者なのです。それ以前にできた雅楽でも大勢の楽器演奏家がいますが、やはり指揮者はいません。

雅楽の管弦の演奏はまず龍笛の演奏から始まります。これが「音頭」です。続いて羯鼓と鉦鼓《しょうこ》が加わり、太鼓が入り、残りの管全員が入り、それから主琵琶、主箏、琵琶助弦、箏助弦が順次加わって全員が揃います。音量は次第に大きくなり、テンポも早くなって、これで雅楽の合奏になるのですが、羯鼓がリーダーだという人もありますが、どうも箏がテンポの主導権を握っているようです。比較的音量の小さい箏が全体をリードしているらしいのが特色です。

なお舞がある舞楽のときには弦はありません。はじめに「調子」という曲から始まり、舞人が登場します。その後の演奏は同じく笛（龍笛または高麗笛）の「音頭」で始まり、その後の楽器の加わり方は管弦と同じです。

常に客のほうを向いて演奏

私のようにふだんから歌舞伎やその音楽、あるいは文楽を見慣れている者にとっては、たまにオーケストラやバレエなどを聴くあるいは見ると、不思議なというか奇妙な感覚を覚えることがあります。

簡単にいうと観客に背中、というよりお尻を向けている人が一人いることです。その他の演奏家はお客を見ていません。そしてその人がもっとも人気があることです。ですから演奏家の顔は見えてきません。これはどう指揮者と楽譜だけを見ています。しかし近年ではTV中継などで指揮者も演奏家も顔が見えるようになったので、少しは違和感がなくなり、慣れてきましたが。

その点、三味線音楽の演奏家たちは常に客のほうを向いています。もちろん唄う（語る）人は見台という譜面台のような台の上に唄本などを置いて見ていますが、その表情や音楽がよくわかるような気がします。

民族性に関係がある指揮者の必要性

ヨーロッパ音楽でも、指揮者が登場するのはそんなに古いことではないようです。事典などによると現在のような指揮者が登場するのは十九世紀になってからとか。古代ギリシャ悲劇では手を打ったり、木靴を履いてかかとに音のするものを付けたりして指揮していたようです。

その後の変化は省略しますが、十八世紀には金属製の、重くて杖よりも長い棒で床を叩きながらリズムを取っていたとか。リュリ（Lully 一六三二〜八七）はそれで指揮中に自分の足の甲を突き、その傷がもとで死んだそうです。これがどのくらいの音だったのかわかりませんが、かなりうるさくて大きな音だったと思います。その大きなうるさい音と、聴こえてくる音楽とをどのように折り合わせをつけていたのでしょう。それよりも、大きな音を出さなければ揃わないというのが面白いと思います。でなければ音楽はバラバラになってしまったのでしょうか。

とにかくある程度以上の人数になると、指揮者がいないと音楽演奏はできなかったようです。それは多分、民族性に関係があるのでしょう。演奏家も個性豊かな人間集団であるとすれば指揮者は必要であったと思います。ですから指揮者の音は少しうるさくても、整然と揃った調和の取れた音楽だったのでしょう。

とはいうものの、そうではない音楽もありました。今でもあるブルガリアの合唱団、あるいはジプシー音楽、ジャズなどには近代的な指揮者はいません。私たちが尊敬してきいている音楽は、実はヨーロッパ音楽のごく一部らしいのです。

いかに主役を美しく見せるか

さてそれでは日本音楽について考えてみましょう。日本で聴かれるヨーロッパ音楽はその真似ですから、指揮者も真似ています。それで一九六〇年代からとくにさかんになった日本の現代邦楽でも、指揮者がいましたが、二十一世紀にはほとんどいなくなりました。一時は大編成のオーケストラのような現代邦楽があったのです。

しかしこれは、音楽の質がちがっていましたから、面白くなかったのです。楽器そのものが「揃えて」演奏するようにできていなかったからでしょう。三味線もコトも尺八も、また笛や太鼓の類も、基本的には独奏楽器でしたし、音色も独奏にふさわしいものでした。大勢が出ていても、それは全体の音量を大きくするためだけでした。

それがあたかも指揮者がいるように「揃っている」ように聴こえるのはなぜでしょう。民謡のなかに「××音頭」というのがあります。中心の人は「音頭取り」といわれ、先頭に立って唄います。音の高さやリズム（テンポ）が決まります。その後はこの「音頭取り」にしたがって任せて付いて行きます。

それと同じことが、はじめに紹介した「娘道成寺」でも行われているのです。唄と三味線のトップが打ち合せて音の高さとテンポを決めます。これを立唄《たてうた》、立三味線《たてじゃみせん》と言います。そして十挺十枚でも、残りの九挺九枚の演奏家は立唄、立三味線に付いて行くのです。ですから白拍子花子を誰が踊るかは話題になっても、長唄囃子連中のことは話題になりませんし、いわゆる批評の対象にならないことは別に記しました。

それには江戸時代からのもう一つの約束がありました。役者と浄瑠璃（常磐津、富本、清元）連中は一年契約だったのに対して、長唄囃子連中は劇場と多数年契約でした。それは長唄囃子連中が踊りの伴奏だけでなく、劇場内のほかの音楽をもつとめていたからです。たとえば、舞台向かって左手にある黒簾《くろみす》の中で、季節や時間、役者の舞台への出入りをあらわす各種の効果音や「めりやす」という唄（たいてい一人で演奏）などです。これは劇場に慣れた人が適任です。ですから一つの劇場では、役者が代わっても、長唄囃子連中の演奏家はあまり代わらなかったのです。

浄瑠璃連中は一年契約ですが、毎月の興行に必ず浄瑠璃の演目が上演されるとはかぎりませんし、もともと演奏家が少ないので、たいてい同じメンバーが出演することになります。江戸時代でも一興行は二十日以上、大当たりともなれば一ヵ月以上になりますから、同じ顔ぶれが続くことになります。たとえていえば立唄、立三味線は一家の主人です。新人や若手はその仲間（グループ）に入り、三人目（三枚目）四人目（四枚目）あたりに並んで演奏を覚えて行きます。そして年月を経て次第にトップ（立唄、立三味線）に近づいて行くのです。

さらにつけ加えると、歌舞伎はドラマやストーリーを見せるよりも、いかに主役を美しく見せるのかというのが根本の思想ですから、主役は舞台に出ているかぎりは、いつでも舞台姿は絵になっていなくてはなりません。

ですから舞台装置＝背景、大道具、小道具などは美しくということが主な考えになり、演奏家も美しい絵の一部になっていなくてはなりませんから、唄い初め（語り初め）るときにも終わってからも、客席に向かってお辞儀はいたしません。演奏家は舞台装置の一部ですから、役者の邪魔にならないように、同じ揃いの衣装を着ています。もちろん身体を動かして身体でリズムを取るようなことはいたしません。オペラやバレエにはそういう考えはなかったようで、邪魔になるから舞台前のオーケストラボックスに隠してしまったのでしょう。

この場合の音楽は本当に添えものですから、指揮者まで隠してしまいます。オペラやバレエと歌舞伎を比較して、同じ音楽劇であると共通点を述べた人がありましたが、主役と音楽に対する考え方は根本的に違うのです。これは劇場構造とも関係があると思いますから、ここではこれ以上触れないことにします。

以上で明らかなように、歌舞伎のために作られ、舞台で演奏される三味線音楽は、あくまで舞台背景と同じ役割をしているのです。いかに主役を美しく見せるかというための音楽なのです。能楽の音楽も同じですから、音楽の作り方、演奏の仕方には常に主役を考えているものなのです。その中の一人でもお客に背中やお尻を向けることはありえないのです。

◉第六章

どのように伝承されてきたのか

神が宿っている

日本音楽でもっとも大切なことは、先人の作った曲を正確に次の世代に伝承することでした。先人の作った曲が今日まで伝承されてきたのは、その曲には目に見えない神がいるからだと考えたのだと思います。地震、暴風雨、水害、旱魃、火事や病気など、気を休めるひまのない国でした。多くの人がそれらの災害で命を失っています。にもかかわらず、それに負けずに今日まで伝承され、生きているのは、神が宿っていたからだと考えたのでしょう。ですから日本人は内容も言葉もメロディーも正確に後の世に伝えて行かなくては、先人に申しわけがないと考えました。

入門は六、七歳がいい

ですから子供のための入門曲はありませんし、作曲もされていなかったのです。古典曲あるいはその一部分を入門曲にしました。先人の命のおかげを、初心者のうちから感じてもらうのが目的でした。今日まで伝承されている曲の中から、目に見えない何かを知ってもらうことが第一だったのです。

ここからは三味線音楽について述べてみましょう。習う人の多かった長唄では通称「宵や待ち」という三下りの「明けの鐘」でした。

宵や待ち、そして恨みて暁の、別れの鶏とみな人の、憎まれ口なあれ鳴くわいな、聞かせともなき耳に手を、鐘は上野か浅草か。

男と遊女が閨（寝床）の中にいます。昨夜は長い間待っていて、ようやく来てくれたのが嬉しくて、つい恨みごとを言ってしまいました、と思ったらもう別れなければならない時間になりました。それを知らせるかのように鶏が鳴き出し、鐘の音が聞こえてきます。別れたくない遊女は、思わず男の耳に手を当ててしまうという情緒纏綿《てんめん》たる場面です。鐘は上野寛永寺の鐘か浅草寺の鐘でしょうか。

江戸時代の子供の入門は六歳の六月六日がよいという伝承がありました。誰がいつごろ言い出したのかわかりません。能楽では世阿弥が『風姿花伝』に「この芸において大方七歳を持て初とす」と書いています。世阿弥の時代には七歳だったのが、いつから六歳になったのでしょう。しかし世阿弥は「大方」と幅をもたせていますから、(数え年の)六、七歳ごろが適しているということなのでしょう。それを記念して六月六日を「邦楽の日」と定めていますが、どうも一般には知られていないようです。

明治になってこの「宵や待ち」は言葉も内容も子供むきではないからと、新しい替え歌が作られました。

梅桜、さては霞か日に添いて、のどけさまさる春の空、鶯さえもあれ鳴くわいな、
　思う友どち袖つれて、いざや遊ばん野に山に。

三味線音楽の場合、歌詞と旋律は切っても切れない関係にあります。たしかに「宵

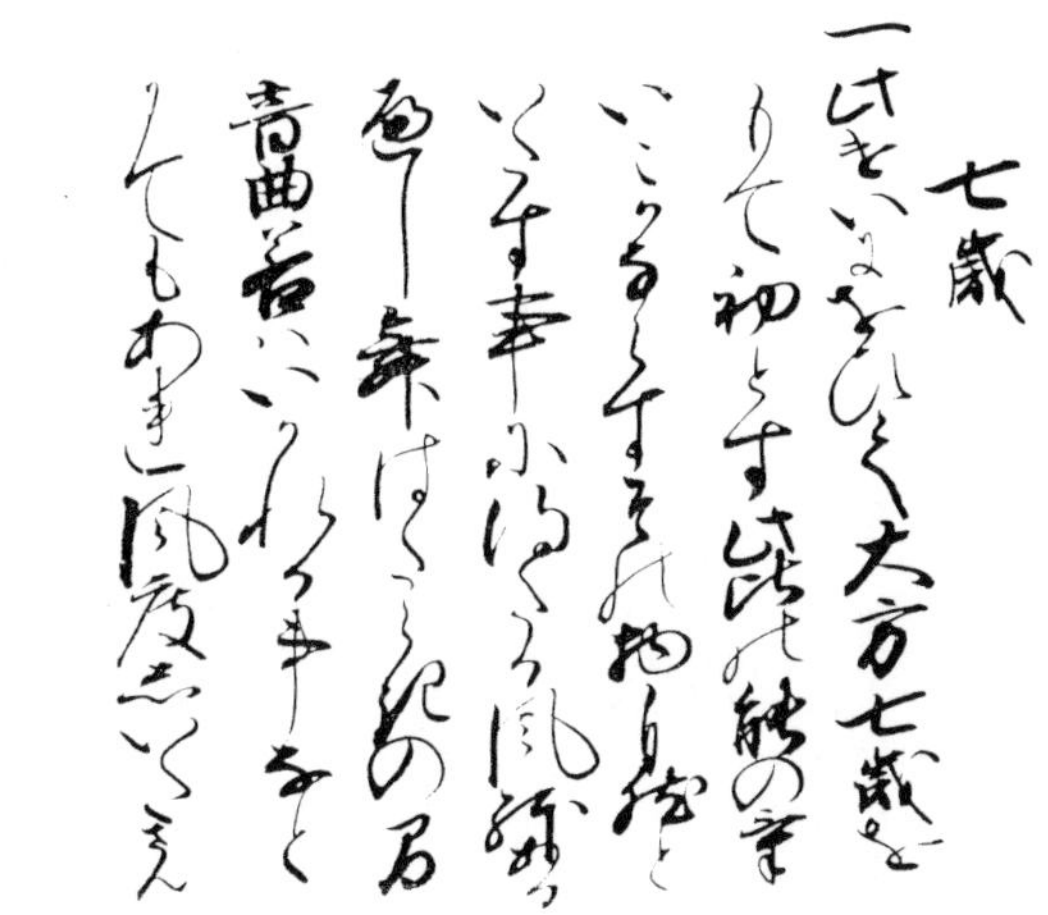

七歳

一此けいに《この芸》をひて《おいて》大方七歳を
もて初《はじめ》とす此比《このころ》の能のけ
いこ《稽古》ならす《ず》その物自然と
いたす《出だす》事に得たる風躰《ふうてい》ある
へ《べ》し舞はたらき《働き》の間
音曲若ハ《もしく》いかれる事なと《ど》
にてもあれ風度《ふと》しいた《い出》さん

『風姿花伝』第一年来稽古條々（『風姿花伝　影印三種』表章・伊藤正義共著、和泉書院、1978年）

や待ち」より上品になりましたが、旋律がふさわしいかというと、そうとは思えません。したがってこの歌詞は、入門曲として定着しませんでした。三味線の三下りという調弦は、子供には向かないという説がありましたが、三下りのほうが親しみやすいという説もありました。それで三味線の基本の調弦である本調子の「松の緑」を使う派が出てきました。

今年より、千度迎うる春ごとに、なおも深めに、松の緑か禿《かむろ》の名ある、
二葉の色に　太夫の風の吹き通う、松の位の外八文字、
派手を見せたる蹴出し褄、よう似た松の　根上りも、一つ囲いの籬《まがき》に洩るる、
廓は根引きの別世界、世々の誠と裏表、比べ越しなる筒井筒、
振り分け髪もいつしかに、老いとなるまで末広を、
開きそめたる名こそ祝せめ。

この曲は杵《きね》屋《や》六《ろく》翁《おう》（前名四世杵屋六三郎）の娘せいが、杵屋六と改名した名披露目の会で初演したものと伝えますが、成立年については十九世紀の前半初期と中ごろと、説

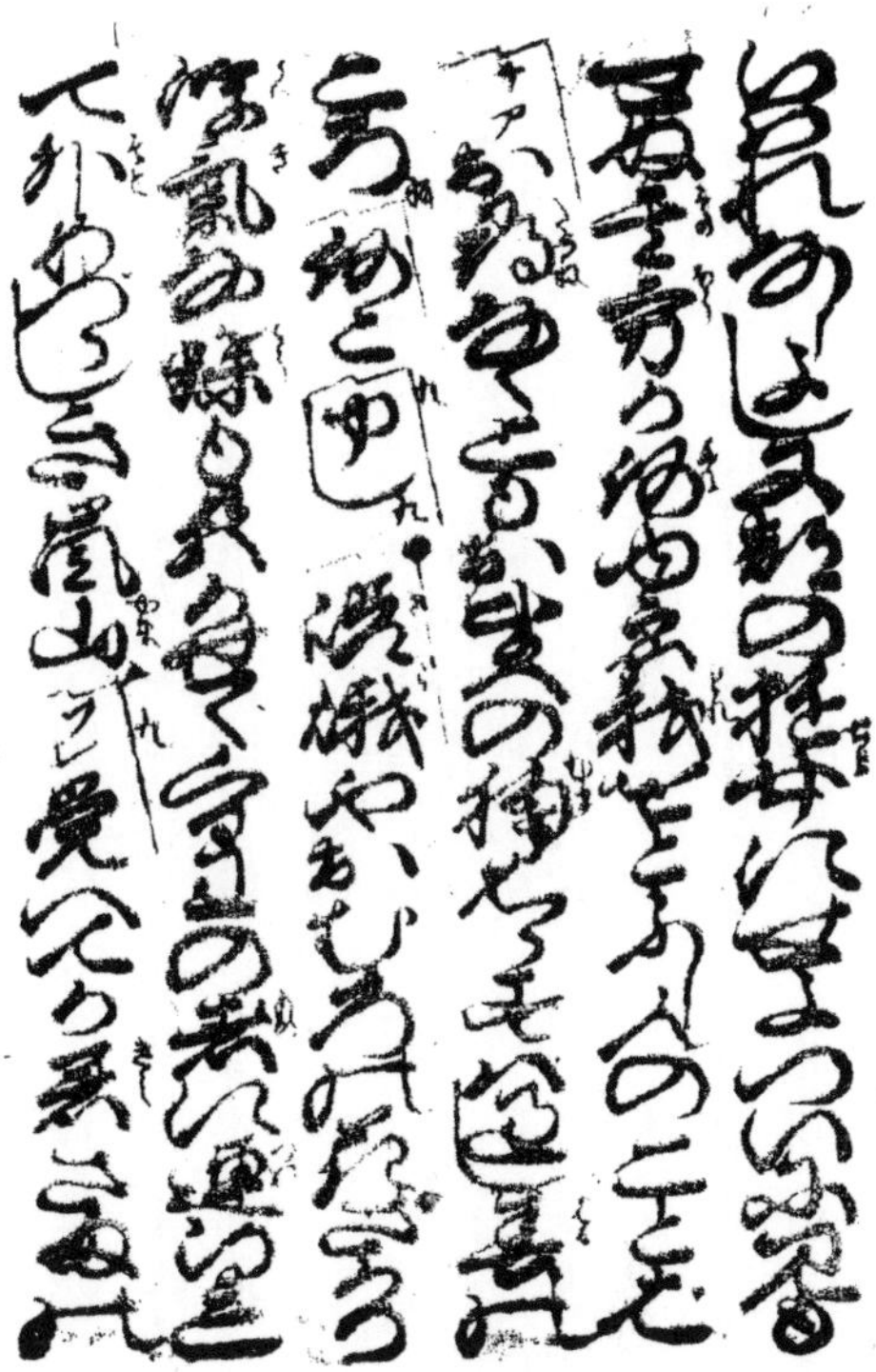

常磐津「忍夜《しのびよる》恋《こい》曲者《はくせもの》」（将門）正本。筆者蔵。

三行目から

〽ヤアお尋《たつね》なくともおまへの胸《むね》はらすハ過し春《はる》の
ころ〽何と〽申し〽嵯峨《さが》やおむろの花ざかり
浮気《うハき》な蝶《てう》も色かせくくるわの者《もの》に連《つれ》られ
て外《そと》めづらしき嵐山《やま》〽ソレ覚へてか君《きミ》さまの

が二つある曲です。作詞者未詳ですが、作曲した杵屋六翁が作詞・作曲したものでしょう。

それはともかく自分の娘を松の緑、すなわち松の若木にたとえ、その連想から禿《かむろ》の初々しさにたぐえて、行く行くは松の位の太夫（最上級の遊女）になるようにと、将来を願う内容です。今の感覚でいうとこの曲もふさわしくありません。しかし発表された幕末のころには、なんでも吉原に関係させる風潮がありましたから、今とは感覚がちがいます。しかし今となっては吉原のことがわかりませんから、禿、太夫、松の位、外八文字、蹴出し褄、根上り、囲い、籬、根引き、筒井筒、などとあってはお手上げです。これらをすべて正確に説明できる人はほとんどいないでしょう。

長唄だけにこだわるといけませんから、常磐津について申し上げましょう。浄瑠璃系の稽古を始める素人はたいてい成人でしたから、曲は有名曲のほうがよかったようです。ほかでもふれました「将門」の瀧夜叉姫のクドキでした。

嵯峨や御室《おむろ》の花盛り、浮気な蝶も色香せぐ、廓の者に連れられて、外珍しき嵐山、
それ覚えてか君さまの、袴も春のおぼろ染め、おぼろげならぬ殿振りを、

見初めて　そめて恥ずかしの、……

瀧夜叉姫を殺そうとやってきた光圀が旧御所《ふる》で待ち構えています。姫はそれを知りながらあなたを見初めたときはこうだったと語ります。そうしてできれば心を替えて私の味方になってほしいという気持ちをこめての姫のクドキですから、その複雑な気持ちをこめて語るというむずかしいクドキです。

清元では「夕立」か「玉屋」の一部でした。「夕立」は、

夕立の、雨も一降り雨の背を、わけて涼しき川岸に、柳の枝も寄り添いて、
　いつしか色に鳴神の……

というもので、場所は柳橋の料亭梅川。女盗賊のお熊が、夕立の雷を利用して、小猿七之助をたぶらかそうとする場面で、余所事《よそごと》浄瑠璃（歌舞伎で舞台で上演している演目とは直接関係なく演奏される浄瑠璃。たとえば隣家から聞こえる浄瑠璃や唄など）として演奏されたものです。クドキの一種ですが、女盗賊らしい雰囲気が要求されます。

新内ではなんといっても「蘭蝶」のお宮のクドキでした。

縁でこそあれ末かけて、約束固め身を固め、世帯《せたい》固めておちついて、ああ嬉しやと思うたは、ほんに一日あればこそ……

お宮は稼ぎの少ない蘭蝶と正式な夫婦になり、二人で働いて、やがては小さな商売でも始めて仲良く暮らして行けると思っていたところ、蘭蝶は天涯孤独な榊屋の此糸《このいと》と深くなり、お宮が身を売った金まで入れ揚げてしまう。たまりかねたお宮は此糸を尋ねて恨みを言い、情理を尽くして別れてくれと頼むところ。真心こめてのクドキは名文名曲でまことにせつない。

身体で覚えなければならない

以上は入門曲といっても素人の場合です。しかしプロを目指す人はちがいました。たとえ家元の子であっても「親子は情が移る」といって弟子の誰かに稽古をつけてもらうのが普通でした。そうではない場合には、たいてい住み込みの内弟子となって、師匠の身の回りの世話をしたりしながら覚えて行く方法をとりました。それでも直接教えてはもらえないのです。師匠がほかの弟子に稽古するのを聞いて覚えるのが稽古でした。そして師匠の真似をすることから始まりました。

「学ぶ」というのは「真似ぶ」から始まります。とにかく覚えてしまうことが第一でしたから、ある経験者からこんな話を聞いたことがあります。

師匠が新しい曲を歌舞伎で二十五日間勤めたとき、彼は毎日師匠の身の回りの世話を命じられ、師匠の出演前には舞台で飲むお茶を用意して、無事二十五日間を勤めました。次の日、師匠が三味線を持ち出して「昨日まで俺がやった曲をやってみろ」。なんとか無事に全曲を覚えていたのでよかったけれど、私はこれで試されたのだと痛感しましたと話してくれました。聞いているのが稽古だったのです。

これは新曲でしたから、聞いて覚えるのが稽古だったのですが、前にも述べたように、古典の曲には先人の苦心が加えられていて、そこには神が宿っているのですから、その精神まで徹底的に覚えてもらわなければなりません。それは口では言えないものなのです。身体で覚えなくてはならないのです。

ほんとうの稽古とは

ここで私の経験した稽古のようすを紹介しましょう。

浄瑠璃の師匠と弟子の例です。あるお師匠さんに用があって尋ねていったところ、いまお稽古中なので別室で待つようにと言われました。

ようすを聞いていると、まずお師匠さんが「何が何してなんとやら」と語ってお手本を示しました。弟子がまねをして「何が何してなんとやら」と語ると師匠は「ちがいます」と一言。同じことを何回繰り返したでしょう。稽古本でわずか一行ほどのところを繰り返しましたが、師匠はそのたびに「ちがいます」の一言だけ。それでも三十分ほど続いたでしょうか。ついにお弟子は泣き声になりました。そうしたら「泣くことを教えているんじゃないよ。泣きたいならほかで泣いておくれ。今日はこれまで」。弟子はそれでも「すみません、もう一度だけお願いします」と言って「何が何してなんとやら」。それを聞いた師は「ほらそれよ。できたじゃない」。たった一行ほどの稽古に師匠も弟子もともに精魂こめていることがよくわかりました。

師匠によっては凄い稽古がありました。できないと「馬鹿」「とんちき」など、罵罵詈雑言が雨のようにあびせられ、しまいには「死んでしまえ」、あるいは「明日から来るな」「破門だ」。それでもどうしても教えてもらいたかったある弟子は、次の日の朝、師匠が寝ている内に玄関前に着いて、起きて来るのを待っていたという人もありました。あんなに厳しく叱ったのでもう来ないだろうと思ったのに、朝早いという熱心さが気に入られ、前にもましてていねいに教えてもらったという人がいました。師匠が伝えていた芸をどうしても教えてほしかったのです。

これがほんとうのお稽古なのです。このようなお稽古を経て、弟子はプロの道に入って行くのです。このようなお稽古は、一対一、つまり対面のお稽古だからこそ成り立つのです。集団稽古ではできません。それを簡単に覚えられるからといって、五線譜とテープで覚えるようになった結果、日本の伝統音楽の一部は、深みのない、つまらない音楽になってしまい、感動を与えられなくなってきました。

最近ではこうした対面稽古が見直され、一対一でのお稽古が復活しているようですから、これからが楽しみになってきます。

神の領域に近づくための稽古

日本音楽、とくに三味線音楽は大きく「唄う」音楽と「語る」音楽に分けられます。そのうち「唄う」音楽には、奈良平安時代から和歌がありました。膨大な和歌はある種のメロディーをつけて「唄って」いたものと思います。メロディーはそれほど重要ではありません。

それよりも内容のもつ意味をいかに美しくうたって、どのように人々を感動させるのかが大切です。その基本にある歌詞、つまり文句が重要です。その形式には五七五、七七という短い詩が適していました。

文句を大切にする心は今日まで伝わり、今でも和歌を詠む人たちが大勢います。その流れには民謡や地歌、長唄、小唄などさまざまに変化しながら発達して、三味線音楽の主流をなしているのです。

それに対して「語る音楽」は、ある種のストーリーがあり、物語りとして発達してきました。音楽としては平家琵琶からが顕著です。その後には上方で義太夫節となり、人形浄瑠璃が発達しました。両方の性質をもつ能楽や、清元がありますが、ともに基本は「語る」音楽です。

登場人物は多種多様で、それが泣いたり笑ったり怒ったりし、さらに考えたり悩んだりと、それぞれの心の動きは千差万別です。それを語って聞かせるのですから、表現方法も複雑になってきます。

それを表現するために、語る人は苦心してきました。これを音楽にして、長い時間をかけて創りあげてきたのが古典です。それが五線譜とテープで覚えられるでしょうか。覚えてからが本当のお稽古でした。古人が苦心して伝えてきたところをどのように正しく伝え、後の世にどのような形で残していくのか、神の領域に近づくために、お稽古にはげんできたのです。

その後には「歌もの」の中に「語る音楽」的なものを交ぜたり取り込んだりしたものも生まれ、またその反対のものも生まれましたから、日本の音楽は複雑でわかりにくいものになっています。

そしてそれを助ける三味線も、笛や鼓の類も、それぞれに先人のあとを追い、その心を稽古してきました。稽古で覚えるのは第一歩であって終わりではないのです。命を削るようにしてお稽古をしてきた名人の芸は、すばらしいものです。以下に私が聴いた名人のいくつかを紹介しておきましょう。

四世宮薗千之《みやぞのせんし》が「夕霧」を語ったときのこと。縁あって演奏を頼みに行くと、しばらく遠ざかっているし、老齢（八十歳でした）だからあの長い曲は体力がなくなっているからと断わられました。

本人が好きな曲でしたから、日を改めて頼みに行きました。たしかに全曲は長いから、一部分省略してください、信頼できるお弟子さんをワキにお願いして、そちらにほとんど任せ、ほんの一行だけでもいいから顔を見せてくれれば結構ですからと、お願いしたところ、ようやく承知してくれました。家の人の話ではそれから約半年間、一日も欠かさずさらっていたそうです。

当日は旧新橋演舞舞場でした。ほんの少し省略して三十五分、ほとんど全曲を一人で語ってくれました。歌舞伎でもよく知られた夕霧伊左衛門の話で、二人は七年越しの馴染みでしたが、伊左衛門に都合があって突然京都に行ってしまい、音信不通になります。

それが一年後、やはり突然尋ねて来てくれたところ。夕霧の恨みつらみのクドキが「夕霧涙もろともに……」以下で、とくに「ま一度逢わせて給われと、天神様へ願かけて、梅を一代絶ちしぞや」のあたり絶妙の語りで、夕霧の心情が迫ってきて、涙がとまりませんでした。

翌日、演奏が素晴らしかったとお礼にうかがうと、「なにね、本当のことを言うと、途中からなにも覚えていないのよ。気がついたら終わっていたの。あれはきっと芸の神様が語らせてくださったのね、あんなの生まれて初めて」という返事でした。「芸の神様」という言葉を演奏家から初めて聞きました。

もう一つ、これは菅野序千《すがのじょせん》の一中節「小春髪結の段」。原作は近松門左衛門の「心中天の網島」。それには出てこない髪結のお綱。小春が治兵衛と心中する覚悟を決め、死化粧のため髪を結ってもらう場面。髪結のお綱は小春の覚悟を察し、死んではいけないと髪を結いながら意見をする。

小春は黙って髪を結ってもらうだけですが、お綱の語る意見を聞いているうちに、小春の心境が伝わってきて、涙がとまらなかった。しばらく後の日に、都一《みやこいち》いきの演奏も素晴らしいものでした。演奏が終わって幕がおりたあと、一いきは泣いていて、しばらく立てませんでした。

もう一つ、これは三世杵屋五三郎の弾いた「勧進帳」。義経一行が安宅の関を通ろうとしたとき、関守の富樫に疑われる。弁慶はお前のせいだと言って金剛杖で義経を打って疑いをはらす。そのあとで弁慶が義経に詫びるところ。「判官御手を取り給い」で義経が弁慶を慰めて感謝する。

「勧進張」のきかせどころの一つだが、五三郎の三味線がたしかに泣いていた演奏が忘れられない。名演奏だった。

◉第七章

どのように作曲されるのか

歌舞伎とその音楽の歴史

雅楽は中国から輸入された音楽でした。文化の先進国であった中国の文化でしたから、これは素直に受け入れるのに忙しく、これ以上の音楽は考えられなかったので、新作を作ろうとは思いもよらなかったでしょう。それでも制度を日本向きに整理すること（楽制改革）は行って日本の雅楽にいたしました。

次の時代に始まった能楽では、世阿弥をはじめ金春禅竹《こんぱるぜんちく》などが積極的に作詞・作曲をして作品数を増やして、能楽全盛時代を迎えます。しかしその作詞・作曲が具体的にどのような段取りで行われていたのかはわかりません。もちろんテキスト（脚本）に相当する文句を書いたものもほとんど残っていません。

ところで考えてみますと、作詞・作曲の専門家はいなかったようですから、それぞれの座のリーダー、つまり実際の演奏家が作曲したもののようです。それは世阿弥の『風姿花伝』を読むとわかります。演奏家は作詞・作曲家をかねていたのです。

その後の平家琵琶でも同じでした。こちらも誰が作詞・作曲をしていたのか、伝説が残っているだけで、あのすばらしい『平家物語』は作者不明なのです。日本で作詞あるいは作曲者がはっきりするのは、十七世紀の末ごろからです。

歌舞伎の作者も初期のころはわかりません。主役にあたる役者が思いついた筋を、口頭でほかの役者に伝えて、それで芝居は成立していたのでしょう。こういうお芝居を「口立て芝居」と言います。歌舞伎作者の初めは富永平兵衛といわれていますが、詳しいことはわかりません。ましてその舞台で演奏されたであろう音楽については、出演者の名前が簡略に記されているだけで、作曲者の名前などはどこにも見当たりません。やがて音楽が次第に重要視されてくるようになって、少しずつわかるようになってきます。

ここから簡略に歌舞伎とその音楽の歴史を述べておきましょう。出雲のお国が初めて京都で「かぶき踊り」を演じたのは慶長八年（一六〇三）のことでした。そのころはまだ三味線が舞台に出ていなかったので、能楽の四拍子に篠笛を足した程度の楽器で、当時の流行り唄を歌っていたようです。

やがてこれが「遊女歌舞伎」に発展すると、「おしょう」という主役の遊女が舞台中央の床几に腰かけて三味線を弾くようになります。それがどのような音楽だったのかわかりませんが、そのころの文句（歌詞）が少し残っているだけです。

それから女歌舞伎の禁止（一六二九）、若衆歌舞伎の禁止（一六五二）を経て、やがて十八世紀に上方と江戸、東西同時に元禄歌舞伎の花が咲きます。そこでようやく踊りが重要視されるようになりますが、上方は和事、江戸は荒事が中心になります。その中で東西にわたって活躍した水木辰之助らがあらわれて、所作事が成立します。このあたりのことは歌舞伎関係の参考書をご覧ください。

元禄歌舞伎の音楽は、浄瑠璃系の「語る」音楽と、「歌う」音楽、それに能楽の四拍子を基本にして篠笛と大太鼓を加えた囃子が発達したと思われますが、やはり詳しいことはわかりません。

それでも元禄十六年（一七〇三）刊の『松の葉』には当時の踊りに使われた詞の一部が掲載されています。それがやがて歌舞伎の女方に名人が出てくると、それにつれて音楽も発達して三味線を主にした音楽が急激に進歩してきます。

「舞踊」とは明治以降に作られた言葉で、それ以前には「踊り」「所作」あるいは「所作事」と言っていました。「所作」というのは音楽に合わせてある動作をする、踊るという意味で、物語りの一部を説明する働きを意味します。ですから「浄瑠璃所作事」は文字通り浄瑠璃の一部に「振り」を付けて説明するもので、とくに十八世紀後半に歓迎されました。

「長唄所作事」はその後に発達したもので、これらは俗に「日本舞踊」という名称で今日まで続いています。

さてそうなると専門の作詞家と作曲家が必要になってきます。はじめは歌舞伎の作者が書いていたのが、やがてそれ以外の作者もあらわれます。短いものならば作曲家が書いた例があり、部外者（通人や小説家）など、さまざまな人が出てきますが、ほかでも述べたように、歌舞伎は主役が中心で、それをいかに美しく見せるかというのが主ですから、主役の踊りたい題材もさまざまになります。

そして十九世紀になると、とくに長唄所作事が多くなり、それにしたがって基本的な構成が定まってきます。なかでも変化《へんげ》舞踊（一人でいくつもの役を早替りで踊り分ける）が

三味線音楽略年表（1893 年まで）

	上方（関西）	江戸
1550 年	この頃、三味線伝来する	
1603 年	出雲のお国、歌舞伎踊りを始める	徳川家康、江戸幕府を開く
1624 年		江戸中村座の始まり（？）
1629 年	女歌舞伎の禁止	
1652 年	若衆歌舞伎の禁止	
1686 年	「出世景情」初演	
1698 年	一中節初見	
1703 年	「曽根崎心中」初演	
1704 年		江戸長唄の初見
1717 年		河東節、創始さる
1720 年	「心中天の網島」初演	
1723 年	心中狂言の禁止	心中狂言の禁止
1724 年	近松門左衛門、没	
1727 年	享保の改革始まる	享保の改革始まる
1734 年	「芦屋道満大内鑑」初演	「夕霞浅間獄」初演
1740 年	宮古路豊後掾、没	
1744 年		「高尾懺悔」初演
1746 年	「菅原伝授手習鑑」初演	
1747 年	「義経千本桜」初演	常磐津節創始
1748 年	「仮名手本忠臣蔵」」初演	富本節創始
1751 年		鶴賀若狭掾、独立（新内節の祖）
1753 年	このころ「みどり浄瑠璃」始まる	「京鹿子娘道成寺」初演
1761 年		「助六所縁江戸桜」初演
1762 年		「鷺娘」初演
1765 年	宮薗節創始	「蜘蛛の糸」初演
1768 年		「吉原雀」初演
1771 年	「妹背山婦女庭訓」初演	
1784 年		「関の扉」初演
1792 年		長唄の雛壇演奏始まる
1800 年	正井文楽が興行に進出	このころ新内流し始まる
1814 年		清元節創始
1826 年		大薩摩節、長唄に吸収される
1829 年		「吾妻八景」初演
1839 年		一中節菅野派創始
1840 年		「勧進帳」初演
1842 年	天保の改革始まる	天保の改革始まる
1845 年		「秋色種」初演
1849 年		一中節宇治派創始
1857 年		「三世相錦繍文章」初演
1860 年		常磐津・岸沢分裂
1868 年	明治維新	明治維新
1869 年		「船弁慶」「綱館」初演
1872 年	文楽座設立	
1878 年		「元禄花見踊」初演
1879 年	「壷坂観音霊験記」初演	
1893 年		「鑑獅子」初演

盛んになると、主役が踊りたい役が増えてきます。天皇、貴族から武士、町人、猟師、物売、乞食など、女性ならばお姫様や遊女など、さらに動物や妖怪変化まで。それらが踊るのですから一定の約束がないと混乱しますから、以下に述べるような基本の形が決まってきました。

一、オキ（置）。ここには立方（踊る人）は登場しません。三味線と唄または浄瑠璃で、踊られる場所、季節、時間などを説明します。

二、出または道行。ここで人物が登場。たいてい花道から出て、七三でここへ来た理由あるいは状況などを踊り、本舞台へ向かいます。

三、クドキ（口説き）。いよいよ本格的に踊り、恋心や恨みなど心情を述べます。たいてい扇か手拭いなどの小道具を使用します。

四、手踊り。文字通り何も持たず手足だけでリズミカルに踊ります。音楽にはたいてい太鼓が打たれます。

五、チラシまたは段切れ。おしまいの部分。

作詞と作曲と発表

オキは幕開きのざわめきを鎮める役割です。舞台に簡単な背景道具はありますが、今のような時間表もブザーの類もなかったので、客席に着くための余裕が必要でした。ただし曲によって、あるいは時間の都合で省略することもありました。たとえば「越後獅子」ではいきなり「打つや太鼓の音も澄みわたり……」ですぐに出てきます。

道行は大切な部分で、どこからなぜここへ来たのか、途中の景色などを説明しながらその理由などを踊ります。特殊なのが花道七三にあるスッポンで、ここを出入するのは妖怪変化あるいは妖術使い、またこの世のものではない架空の人物、たとえば「関の扉」の桜の精、「吉野山」の狐忠信などが出てきます。

クドキはたいてい女性から恋人への思い、あるいは恨みや嫉妬などを踊るところで、唄あるいは浄瑠璃のきかせどころになっていて、小道具の扱いには気を使います。内容によっては男性が踊りますが、その場合にはたいてい戦物語を勇壮に踊ります。

手踊りは拍子（リズム）に乗って軽やかに踊ります。賑やかな囃子が演奏され、内容によっては総踊りになることもあります。

チラシまたは段切れは終わりの部分で、「わが宿さして……」などと次の場面を暗示して決着をつけますが、獅子ものですと「獅子の座にこそ……」で「直りけれ」の文句は省略します。

これらの約束が決まっていると、作詞も作曲も振付も楽です。曲はそれぞれの場の区切りに三味線だけの「合方」または「合の手」を演奏しますから、見る方も自然に安心して見ていられます。

なおオキでは時間をかせぐために、わざと難しい漢詩漢語、あるいは古い伝説を述べたりすることがあります。また道行から本舞台へ行く例として「越後獅子」で「一人笑みしてえーえーえーえーー」のように伸ばしている間に本舞台へ行き、やっと「来たりける」となるのです。これは素の演奏(踊りがない長唄だけの演奏)で聴くと、初めて聴いた人は驚くでしょうが、「越後獅子」はポピュラーなので、誰もそういうものだと思って気にしません。

こういう約束ができると、この形を変えたり複雑にした所作事も出てきます。常磐津「将門」ではまず中国の故事を述べ、花道のスッポンから将門の遺児瀧夜叉姫が傾城姿であらわれて踊ります。本舞台へ来て光圀に出逢い、セリフがあって「嵯峨や御

元文5年(1740)ごろの劇場内部。花道の付際で大薩摩の出語り。筆者蔵。

室の花盛り……」のクドキになります。光圀が肌脱ぎして将門との戦物語りになり、瀧夜叉姫の廓話から踊りになり、光圀が姫の正体を見破り、二人の立回りになって正体があらわれます。

歌舞伎ではあと屋台崩しになり、大きな蝦蟇の作りものに姫が乗り、光圀は破風を破って出て見得を切ったところで幕になります。

変化があって面白いので、浄瑠璃所作事として人気があり、素浄瑠璃(演奏だけの浄瑠璃)でもよく演奏されます。所作事では瀧夜叉姫と光圀の二人だけです。

初演されたときの光圀は十二代市村羽左衛門という踊りの名人で人気役者が踊り、

瀧夜叉姫は市川九蔵（のちの六代団蔵）が踊りました。これは歌舞伎作者の宝田寿助《たからだじゅすけ》が作詞、五世岸沢式佐《きしざわしきさ》が作曲したもので、所作事も役者のことも知りつくしていたから成功した作品なのでした。座主（劇場の持ち主）あるいは役者からの注文があって作詞・作曲をするのですから、注文がなければできません。

これはほかの所作事、たとえば長唄の短いものでも同じでした。注文に応じて作詞・作曲するのは仕事ですが、それだけでは才能のある人には不満になります。それを解決するために、芝居とは関係のない浄瑠璃だけ、長唄だけの曲も作られました。

浄瑠璃では「歳旦《さいたん》浄瑠璃」といって、新しい年を祝うものが作られました。これは毎年正月に家元宅で披露されました。それ以外では襲名披露などのめでたい曲や追善曲が作られました。

長唄では江戸時代には「歳旦もの」を作る習慣がなかったので、俗に「お座敷長唄」という形式で、演奏だけを目的にした曲が作られるようになります。名曲として知られる「吾妻八景」や「秋色種《あきのいろくさ》」などがそれでした。どのような名人でも、注文がなければ芝居で発表する機会はなかったのです。

これは今でも同じことです。作曲することは誰でもその才能があればできますが、それをどのような形で発表するのかが難しいのです。戦後に「作曲コンクール」がありましたし、今でも似たような制度はありますが、作品は一般に知られる場所がないのです。多くの人に知らせるのはどうしたらいいのでしょう。別のところでも申し上げますが、今の日本では個人のリサイタルか一門のおさらい会、あるいはCDにして配るくらいしかないようです。

これは人形浄瑠璃でも同じでしたが、唯一の例外は平賀源内でしょう。天下の才人で有名だった源内は「神霊矢口渡」を福内鬼外のペンネームで明和七年（一七七〇）に書きましたが、専門家の吉田冠子や玉泉堂の補作を受けて、豊竹住太夫、絹太夫らが語ってくれたので今日まで残りました。

優れた音楽が生き残る

明治維新を迎えて歌舞伎改良運動が起きます。歌舞伎の内容が歴史的事実に反して荒唐無稽であるという声が強くなります。そうしなければならなかった理由を考えなかった学者たちの運動でした。

私はこれは薩長土肥の田舎者の運動だと言いたいのです。江戸っ子は荒唐無稽を承知の上で楽しんできたのです。あげつらうのは「野暮」だと言って馬鹿にしてきました。芝居は「うそ」を楽しむものだと知らなかったのです。そこでたとえば舞台で本物のわらじを履くとすべってしまうし、本物の鎧を着けると重たくて身動きができません。本物の刀や槍を振り回したら危険です。本物の松明《たいまつ》は火事が心配です。

やがてこの運動は下火になりましたが、しかしその風潮から、歌舞伎の部外者＝学者、文化人の間から作者が出てくるようになりました。その最初が坪内逍遙でしょう。その後に多くの歌舞伎作品が作られましたし、踊りのための作詞家も出てきましたが、作曲ということになるとこれは今までの作曲家、すなわち演奏家に頼るほかはなかったのです。

昭和三十年ごろから新作舞踊ブームが始まりました。およそ二十年ほど続きましたが、その当時の作曲家＝演奏家には、一年間に三十〜四十曲も作曲した人がいて、生涯に三百曲以上という方もいましたが、それらの曲はほとんど再演されたようすがありません。

もちろんそれらの作詞の内容や表現には、踊る人の思いつきがあったりしましたから、すぐれた作詞ばかりではなかったのです。演奏家が作曲家を兼ねていた時代には、

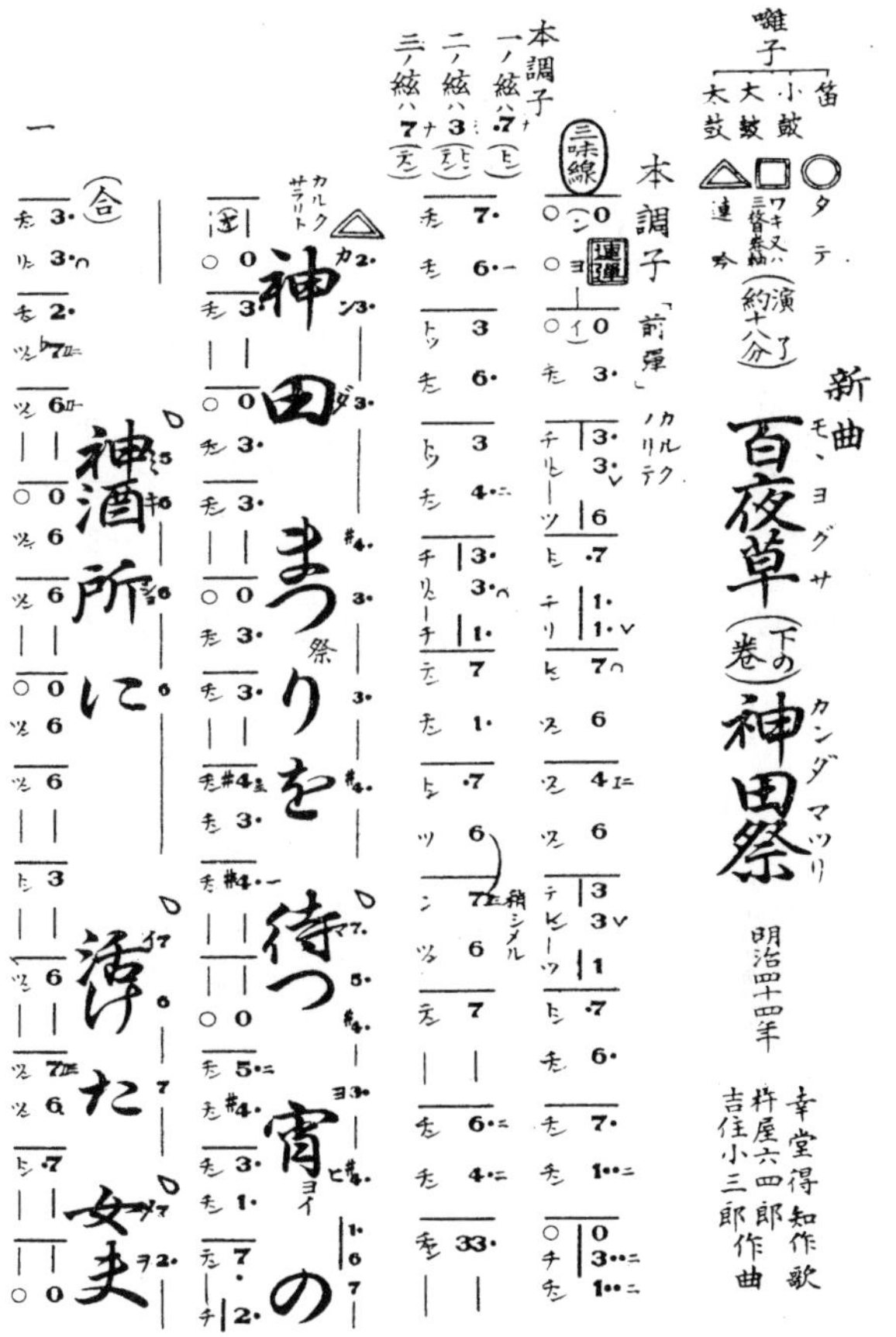

長唄「百夜草・下の巻神田祭」明治44年（1911）。淺田正徹採譜、筆者蔵。唄と三味線の奏法譜。文字の右側が唄、左側が三味線。

よほどの才能のある人でない限り、まったく新しい曲はできません。昔ながらの作曲法＝自分の知っている古典曲の一部を組み合わせ、それを少し変えて編曲したりして、自分が演奏し易いように作曲をすることになります。

もちろん踊る人も、まったく新しい曲では自分で振付をすることが多いので、昔風の曲を期待します。演奏家を知らないと誰に作曲を頼み、誰に演奏を頼んだらいいのかわかりません。

作詞・作曲については、今のような著作権はなかった時代でした。引用、盗用は罰せられることはありません。それよりもその引用、盗用が原作よりも巧みであれば称賛されるような風潮さえあったようです。

それに演奏家や踊る人は、どんなに優れた曲でも、他流の人が初演したものは、原則としてすぐに再演しないという不文律があります。江戸時代と同じように、親、子、孫以外ではよほどの理由がない限り使わないのです。別人によって再演されるのは、初演のイメージが消える、初演者の死後およそ三十年以上のちのことになります。歌舞伎でいうと、これが「家の芸」になるのです。

どのような古典作品でも、初演されたときは新作でした。それが長い時間を経て伝

清元「深山桜及兼樹振」（保名）。三味線譜。浅田正徹採譜。

承されている事実はすばらしいことであり、すごい力をもっているのだと思います。

最近でも新しい曲が作曲されています。その中にはピアノやヴァイオリンなどと共演したり、あるいは津軽三味線を加えたり、電子楽器を使ったり、イメージを強調するために派手な映像を加えたりしていますが、すぐれた作詞家がいないため、器楽曲だけが先走っているよう見えます。作曲というとやはり演奏家が作曲しますから、現代でも江戸時代と変わりがないように感じます。

どのような新作でも、新しい時代をあらわす新しい作詞家が生まれてこないと器楽曲だけになってしまいます。すぐれた言葉があり、それにふさわしい曲がないと、相変わらず古典曲を踊るという、同じことがこれからも続いて行くでしょう。

日本音楽に楽譜はない

ここであらためて日本音楽の楽譜について追加しておきましょう。日本の音楽には流派・流儀が多くありますが、それらに共通する音楽用語も譜もありません。それぞれが自派独自の奏法譜を考えたので、すべて形式は異なっています。この章ではそれぞれ異なる譜を掲示しました。

国性爺合戦　貮の切　千里竹の段

江戸上〽わかれ行船路《ふなち》の末も不知《しらぬ》火《ひ》の
筑紫《つくし》八雲《くも》にうづめ共跡におうご
の神風や千波《せんば》万波《まんば》をおしきつて
時もたがへず親子の船《ふね》唐土《もろこし》の

近松門左衛門「国性爺合戦」二段目。正徳5年(1715)。

楽譜という場合には、どなたも五線譜をイメージしているようです。前にも記したように、日本音楽は演奏家が作曲をしてきました。作曲家と演奏家は同じでした。それは今でも続いています。

そして日本の音楽は、原則としてどれも個人の芸が中心でした。そのため作曲された作品の基本的な内容は、すべて演奏家が覚えていることになります。同時にその曲のリズム、メロディーなどは、（踊る曲がほとんどだったため）踊る人の判断が重要になります。

その点、ある時代以降作曲家と演奏家が別々に独立していたヨーロッパ音楽とはかなり違います。五線譜で書かれた作品は、譜が残されている限り、いつでもどこでも演奏ができますが、日本音楽にはそういう意味での楽譜はありません。

ただし忘れないための「メモ楽譜」はありましたが、基本的には覚えている人が楽譜の役割をつとめていました。その「覚えている」人がいなくなったら、その曲は演奏できません。「メモ楽譜」を見ただけでは再演できないのです。

いくつかその「メモ楽譜」をお見せしましたが、これらはかなり正確だといっても、ピアノの五線譜のように、これを見ただけでは演奏はできないのです。ただしこれを

「覚えている人」の記憶は五線譜より正確ですから、百年前の曲でも二百年前の曲でも再演できるのです。

そういえば昭和三十年代に、地方の日本舞踊のお師匠さんに、東京では誰も演奏できなくなった曲を唄ってもらって復元したことがありました。昔の踊りのお師匠さんにはメロディーもリズムも完全に覚えていて、いわゆる「口三味線」で教えていた人がいました。戦中から戦後にかけての時代に、東京では覚えていた人がいなくなったのですが、これによってかなり復活した曲がありました。

第八章

なぜ流儀・流派があるのか

流儀・流派・家元

日本音楽にはさまざまな種類があり、さまざまな流儀・流派がありますが、さらに家元という制度があって、専門家以外にはわかりにくいものになっています。

たとえば能楽のシテ方には五流あります。観世、宝生の二流は「上掛《かみがか》り」といい、金春、金剛、喜多の三流は「下掛《しもがか》り」といいます。能楽を知らない人にとってはなんのことだかわかりませんが、関係者には常識なのです。観世、宝生の二流は芸系が近く、詞章や曲節に共通点が多いからです。また役柄や四拍子といわれる笛、大小の鼓、太鼓などについても流派があります。

能楽は役に扮して舞台に立つ立方（シテ、ワキなど）と、もっぱら音楽を受け持つ地謡

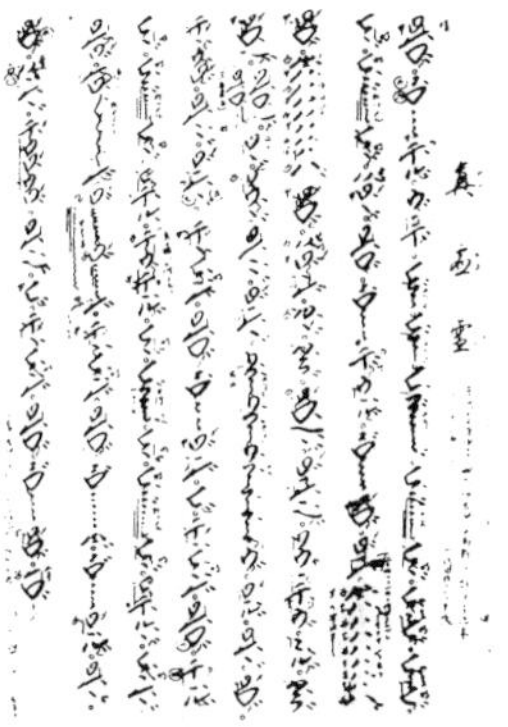
琴古流尺八譜「真虚霊」

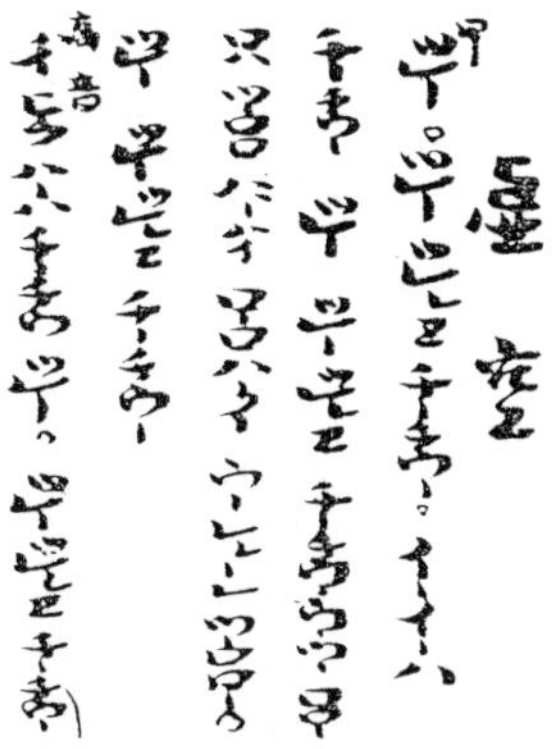
明暗対山流尺八譜「虚空」

方と囃子方で成り立っているのですが、それぞれの中で技法が分化して、室町時代末ごろに七つの専門が確立したものです。そして江戸時代になると、お互いにほかの専門を侵さない約束ができて、現在でもそれが守られ、能楽師（専門家）はどれか一つの流派に所属しているのです。

江戸時代にはそれぞれの流派の組み合わせが決まっていましたが、現在はその制約はなくなりました。これらの約束は習っている人や研究者には常識なのですが、それ以外の人にはどの流派の能楽を聴いても単なる「お能」です。

最近になって注目されている「声明《しょうみょう》」（仏教音楽）でも、大きく分ければ天台声明と真言声明がありますが、これも興味のない人にとっては単なる「お経」でしょう。

またおコトも大きく分けると生田流と山田流があります。共通する曲がある一方で、それぞれに独自の曲がありますが、同じく興味のない人にとっては単なる「おコト」でしょう。尺八でも都山《とざん》流と琴古《きんこ》流があり、琵琶にも薩摩と筑前、錦心《きんしん》流があります。それに加えると、雅楽の楽琵琶、盲僧琵琶、今は演奏する人が極端に少ない平家琵琶にもあります。

現在の中学校の教科書には、尺八の流派の違いや、おコトの流派の違いを教えているようです。尺八の歌口（息を吹き込む部分）の違い、おコトでは琴爪の形の違いを教えているようですが、そこまで教える必要があるのでしょうか。

三味線音楽では義太夫、長唄、常磐津、清元のほか、一中節、河東節、宮薗節、荻《おぎ》江《え》節、新内節、小唄、端唄などがあります。その内義太夫はかつて東風、西風という違いがありましたし、長唄には長唄流はありませんが、その代わり杵屋、岡安、吉住、富士田、芳村、松永などの家元があります。囃子方も同じように福原、堅田などの家元がいます。

こうした流儀・流派は芸術音楽だけではなく、民謡、浪花節、端唄、小唄、俗曲にもありますが、日本舞踊、茶道、生け花、さらには料理や着付けにまであることは、誰でも知っている通りです。ではなぜこのような流儀・流派が生まれたのでしょう。

流儀の定義

流儀と流派の区別はあいまいなようですが、ここでは流儀を「特色のある伝統的な芸風・組織などを伝承している文化的社会集団」というのがもっとも当を得た定義(『日本音楽大事典』)でしょうか。ただ、音楽における流儀・流派の成立には、それだけでなく、家元制度も密接に関係していることも指摘されています。それには経済的な側面も無視することはできませんから、名取制度について少し触れておきましょう。

まず、雅楽と能楽には名取制度はありません。雅楽はその家の芸が成立したのが、古代の氏族社会に求められるからです。その家の姓が重んじられ、他人が名乗ることは許されていなかったのです。同じ姓を相続し、名は名乗りを変えるという形を取ってきました。

一例だけ紹介すると、東儀というのは天王寺方の篳篥の家で、遠祖は秦河勝《はたのかわかつ》四男の四郎というけれど別の説もあります。天正年間(一五七三〜九二)からの系譜が知られています。子孫は宮内庁楽部に所属して演奏を行っています。代々の中には鉄笛《てってき》（一八六九〜一九二五）のような人も出ました。

能楽の場合は、演能集団として中世の「座」の制度に基づくものですから、その歴史的な重みをもっていて、変更されませんでした。

名取制度

それに対して近世に成立した三味線音楽には独特な名取制度が生まれました。三味線音楽がある種の集団で行われる場合、同一の集団であることをどこかで説明しなければなりません。

もちろん個人で演奏する場合でも、同じ種類であることが求められます。義太夫の場合は、流祖竹本義太夫の始めた竹本座の流れを汲む者であることを「竹本」という芸姓であらわして「竹本××太夫」と名乗り、同じ流儀であることを示していました。なお豊竹座にも同じく「豊竹××太夫」もいたのですが、両座とも中絶してからはその区別はなくなりました。三味線方も同じで「竹沢」「鶴沢」「豊沢」「野沢」などの芸姓がありましたがその区別はなくなりました。

常磐津出語り「唐人」。天保13年(1842)、河原崎座。右側に常磐津連中の名前が記されている。太夫3人、三味線2人が描かれているが、連名が多いのは、交代で出演していたから。

芸妓はプロの芸能人にとっては必要なもので、劇場で演奏する場合にはなくてはならないものになりました。しかしおコトは劇場音楽ではありません。前にも説明したように、上方の婦女子が家庭で楽しんでいたのですから、少し形が違っていました。演奏家は盲人で、検校《けんぎょう》、勾当《こうとう》、別当、座頭という階級は個人が金銭を添えて申請して得られるものでした。

もちろん集団で演奏するものでもありません。ですから名取は生まれません。その代わりに盲人の師匠の一字を取って姓にしました。生田流では中筋、菊筋、富筋のように名乗っています。山田流では山田検校が流祖ですから、山田の山の字を借りて山勢、山登などと名乗っています。江戸時代の上方では、劇場音楽は義太夫節、室内（家庭）音楽はおコトとはっきり住み分けていました。

それとは反対に江戸では、さまざまな三味線音楽がありましたし、その時々の流行がありました。江戸には大小の商人や職人のほか、出稼ぎに来た百姓、参勤交代で江戸に来た地方の武士たち、さらには上方の江戸支店で働く地方出身の番頭や小僧などが大勢いたので、多種多様な人であふれていました。

十八世紀初めには江戸の総人口は百万人いたといわれ、当時世界第一の都市だったそうです。そしてその収入にはかなりの格差がありました。その具体的な例として江戸の祭礼を紹介しましょう。

名取は「姓取」

江戸の祭礼は天下祭といわれた神田祭と山王祭が代表で、一年おきに本祭と蔭祭が行われていました。西暦でいうと奇数年が神田祭で偶数年が山王祭でした。十九世紀前半はリオのカーニバルにも匹敵するような盛大なものでした。神田祭は山車が三十六台、山王祭は四十六台。とくに重要なのが山車の間に演じられる「附祭《つけまつり》」といわれた芸能で、町々の若い女性たち（十代前半ぐらい。例外もありました）が主役でした。請負人がいて、計画を立てて出演者を集め、作詞・作曲者・振付師を決めます。その踊りのほかには歩きながらの演奏（パレードです）や、趣向を凝らした造り物や、イベントが行われていました。

この祭礼は江戸城の中に入り、将軍の妻子たちも見物していました。そのため届けの書類は詳細で、全員の住所、名前、年齢、衣装や持ち物などを書いた控えが残っています。その中の舞踊の出演者名には、踊りの名取名があります。人名は「×町、××店（借家の意）、××娘××、××才」のようにある中に「坂東××」とか「廣川××」というのがありました。

江戸時代には士農工商の四階級があったことを忘れがちです。「姓」は「士」だけにあり、農工商の人にはなかったのです。単に「××娘××」というよりも、「××流の舞踊の名取××」とあるほうが立派で別格に見えます。別のところでも述べたように、子女にそれだけのお稽古ごとを習わせる経済的な余裕があることが証明されます。その子女が踊りの名取であることは、さらに一段上であることになります。

この例でわかるように、名取というのは実は「姓取」なのです。「姓」のない農工

浄瑠璃・略系譜

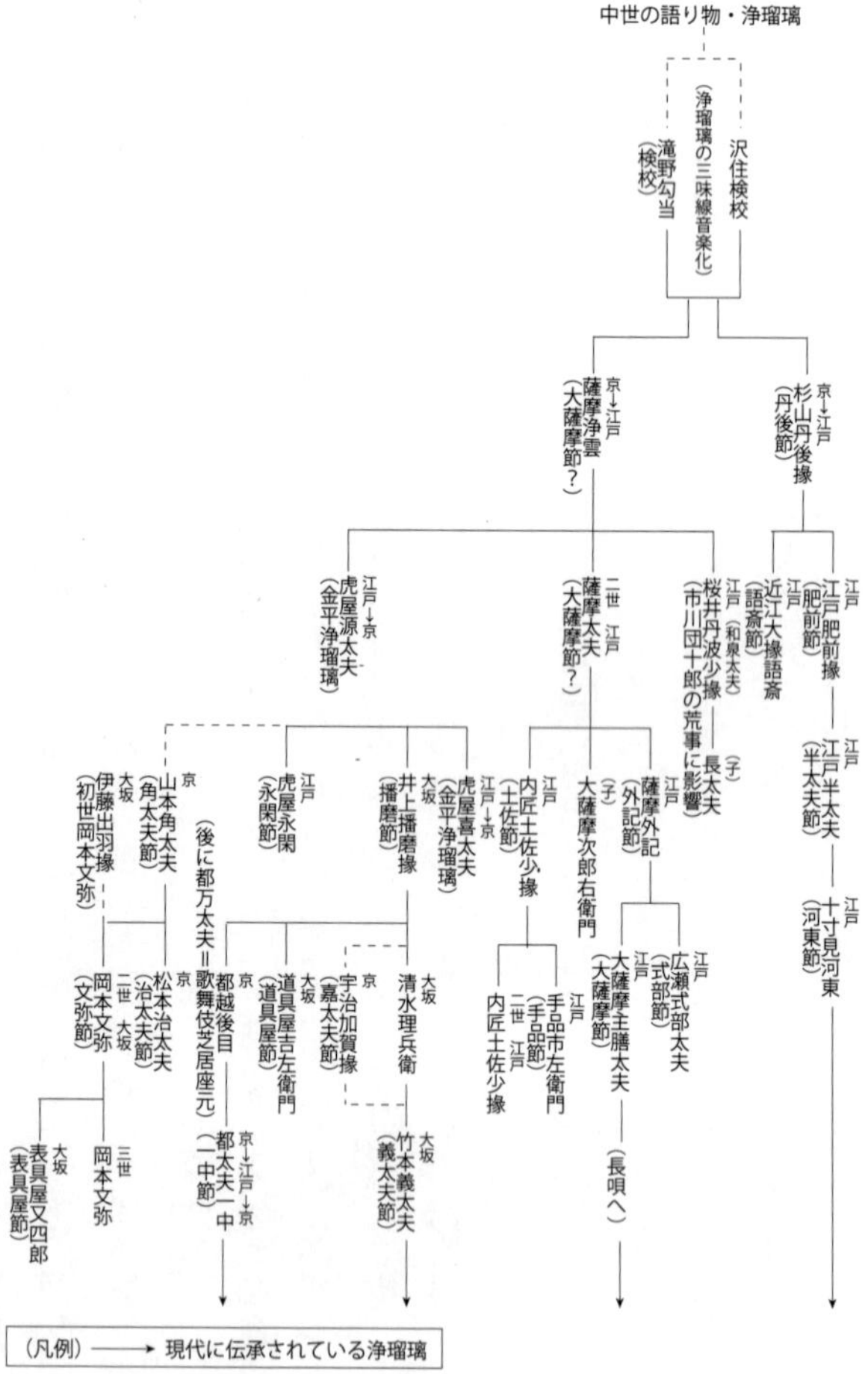
中世の語り物・浄瑠璃
沢住検校
(浄瑠璃の三味線音楽化)
滝野勾当(検校)
京→江戸 杉山丹後掾(丹後節)
京→江戸 薩摩浄雲(大薩摩節?)
江戸 江戸肥前掾(肥前節)
江戸 近江大掾語斎(語斎節)
江戸(和泉太夫) 桜井丹波少掾(市川団十郎の荒事に影響)
二世 江戸 薩摩太夫(大薩摩節?)
江戸→京 虎屋源太夫(金平浄瑠璃)
江戸 江戸半太夫(半太夫節)
江戸 十寸見河東(河東節)
(子) 長太夫
江戸 薩摩外記(外記節)
(子) 大薩摩次郎右衛門
江戸→京 内匠土佐少掾(土佐節)
江戸→京 虎屋喜太夫(金平浄瑠璃)
大坂 井上播磨掾(播磨節)
江戸 虎屋永閑(永閑節)
京 山本角太夫(角太夫節)
大坂 伊藤出羽掾(初世岡本文弥)
江戸 広瀬式部太夫(式部節)
江戸 大薩摩主膳太夫(大薩摩節)
江戸 手品市左衛門(手品節)
二世 江戸 内匠土佐少掾
大坂 清水理兵衛
京 宇治加賀掾(嘉太夫節)
大坂 道具屋吉左衛門(道具屋節)
京 都越後目
(後に都万太夫=歌舞伎芝居座元)
京 松本治太夫(治太夫節)
二世 大坂 岡本文弥(文弥節)
(長唄へ)
大坂 竹本義太夫(義太夫節)
京→江戸→京 都太夫一中(一中節)
三世 岡本文弥
大坂 表具屋又四郎(表具屋節)
(凡例) ——→ 現代に伝承されている浄瑠璃

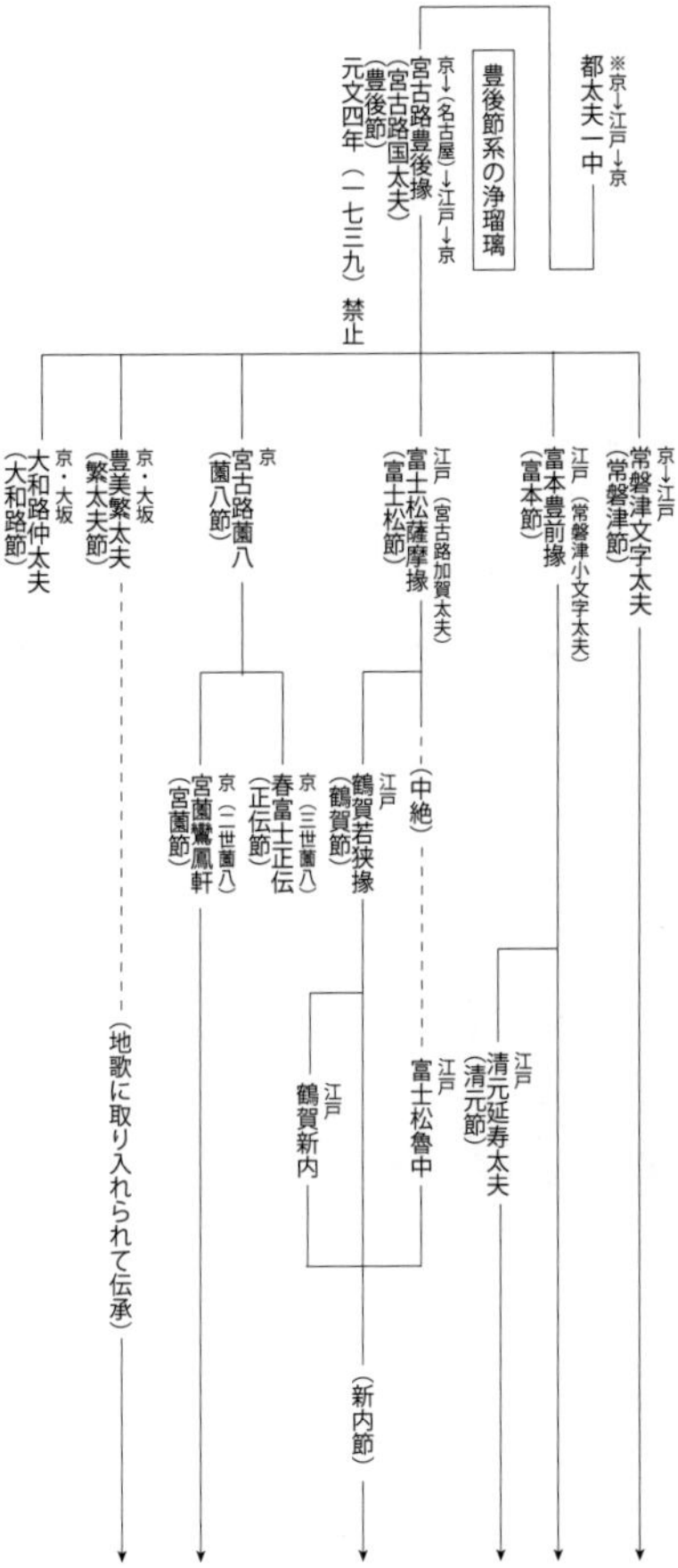
豊後節系の浄瑠璃
※京→江戸→京
都太夫一中
京→(名古屋)→江戸→京
宮古路豊後掾
(宮古路国太夫)
(豊後節)
元文四年(一七三九)禁止
京→江戸
常磐津文字太夫
(常磐津節)
江戸 (常磐津小文字太夫)
富本豊前掾
(富本節)
江戸 (宮古路加賀太夫)
富士松薩摩掾
(富士松節)
京
宮古路薗八
(薗八節)
京・大坂
豊美繁太夫
(繁太夫節)
京・大坂
大和路仲太夫
(大和路節)
(中絶)
江戸
鶴賀若狭掾
(鶴賀節)
京 (三世薗八)
春富士正伝
(正伝節)
京 (二世薗八)
宮薗鸞鳳軒
(宮薗節)
江戸
清元延寿太夫
(清元節)
江戸
富士松魯中
江戸
鶴賀新内
(新内節)
(地歌に取り入れられて伝承)

商の人が金銭で手に入れることのできる「姓」なのです。その点、はじめから「姓」のあった「士」は「名取」になる必要はありません。江戸時代の武士たちは教養として能楽を習って、謡曲の一節ぐらいは謡えるのが当たり前でした。

なかにはかなり上達して、専門家はだしの人もいたと思いますが、だからといって「観世××」とはならなかったのです。武士には先祖代々の「姓」がもっとも重要でした。それが武士の「家」であり、「家名」を尊いものとしていました。ですからそれ以外の「姓」は必要なかったのです。たとえば原武太夫（一六九七～一七七六）という武士は、三味線の名人として知られ、当時のありとあらゆる音楽に優れた人で、作曲もしたほどだったと伝えられていますが、名取名はありません。

繰り返しますが、名取制度は、「姓」をもたなかった庶民がただ一つ、金銭で手に入れることができた「姓」だったのです。それ以外ですと、町人などが特別な功績をあげるとその褒美として「苗字帯刀を許す」というのが最高の賞でした。「苗字」すなわち「姓」は何にもまして名誉な賞でした。二宮尊徳（金次郎。一七八七～一八五六）がその例です。

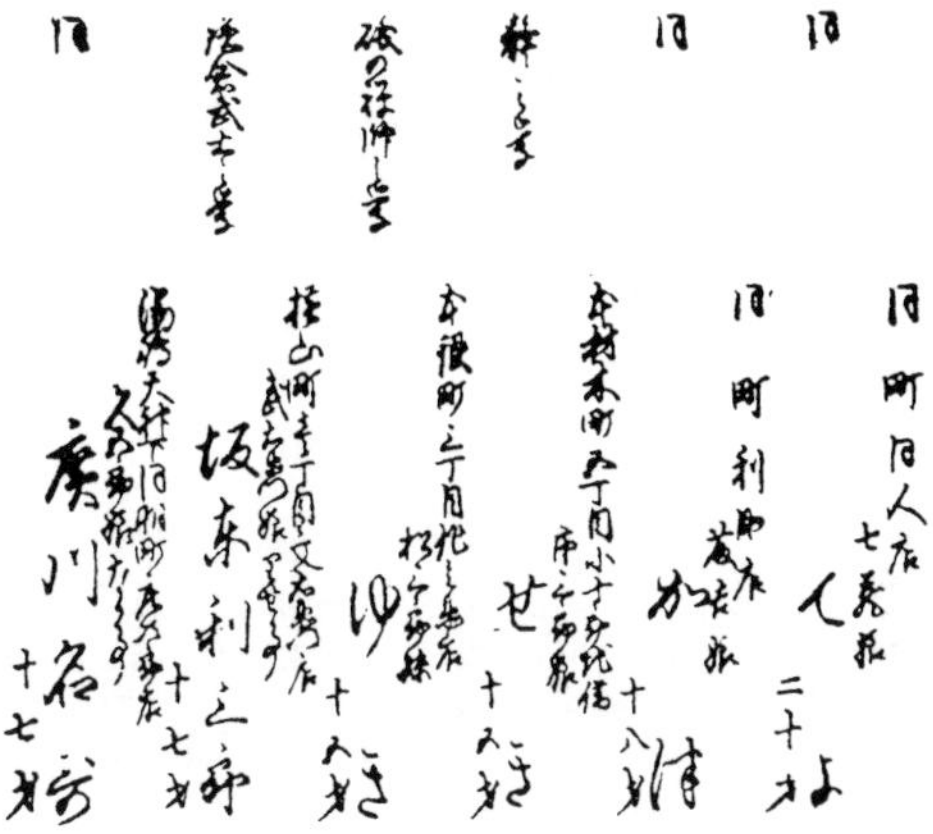

同　同町同人店　七蔵娘　てよ　二十才

同　同町利助店　藤吉娘　かつ　十八才

静之学　本材木町五丁目小十郎地借　市三郎娘　せき　十五才

磯の禅師之学　本銀町三丁目作兵衛店　松三郎妹　ゆき　十五才

鎌倉武士之学　横山町壱丁目文右衛門店　武右衛門娘りせ事　坂東利三郎　十七才

同　湯島天神下同朋町庄次郎店　久五郎娘なか事　広川名哥　十七才

嘉永3年(1850)、山王祭・附祭名前帳の一部。下は上の翻字。右の2人は後見。筆者蔵。

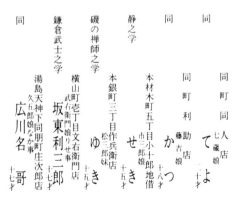

家元制度への非難

さて明治維新を迎えて「四民平等」となります。農工商の人はすべて姓を名乗るようになりました。これで「四民平等」になったのですから、理論的にはこれで名取制度は必要がなくなります。しかし別の面での効用で残りました。

一つは前と同じ経済的余裕を証明する手段です。そして社会が平等になればなるほど社会的集団のグループ名としての効用が生まれてきました。さらに昭和二十年以降、民主主義の世になり平等ということが強く叫ばれるようになりました。家元制度に対する非難も始まります。封建時代そのままだと攻撃されました。

そこでたとえば官立(国立)の東京音楽学校(現東京芸術大学)の長唄科の出身者たちが、名取制度に反対して、「東音会」を組織しましたが、これは本名で演奏活動をしようというものです。グループ名ですから本名の頭に「東音××」と書くことにしました。新しい名取制度でしょうか。しかしそのグループの中でも昔ながらの名取名で演奏をしている人もいます。これは長唄科に限ったことで、ほかの邦楽科にはありません。

本質を失っても続く名取制度

家元制度に欠点や弊害をあげる人がいます。しかし江戸時代にはそれなりの理由があって運用もうまく行っていたようです。家元がいて、同じ芸姓でまとまったプロの集団では家元の責任は大きかったのです。今日のような失業保険も医療保険も年金もなかった時代ですから、家元がそれらの面倒も見ていたのです。そして職業紹介のように仕事の割り振りをもしていました。

それが明治維新と敗戦という二度の社会制度の変革を経て、社会全体が均一化して、すべてが経済優先の世の中になりました。そこで一部の家元が金儲けの手段に利用するようになりました。江戸時代のような保障すべきものはほとんどなくなってしまいましたが、まだ古い形を残している分野もあるようです。そういえば昭和三十年代の小唄ブームの時代には、小唄の家元が乱立して、その数は三百を越していたそうです。現在でも音楽以外では新しい家元が生まれているようです。

家元制度あるいはそれから生まれた名取制度は、その本質を失ったのですが、それがわかっていても、やはりまだ続いています。かえって日本の音楽を習った外国人が名前を欲しがるのは、どういうことでしょう。同じ演奏者のグループの一員であることを証明したいのでしょうか。本名のほかに別の名前があるほうが有利なのでしょうか。実力があってもピアノやヴァイオリンあるいは声楽では芸能の本質が違いますから、欲しがる人はいませんし、もらえません。

家元の収入

江戸時代の家元の収入について記しておきましょう。前にも述べたように、江戸時代にはさまざまな芸能があり、それに連れてさまざまな家元が生まれました。大勢の弟子を抱える家元はそれなりの収入があったようですが、それに伴う出費もありました。それは現在でも同じで、家元どうしの付き合いがあります。年に一度ほどの「おさらい会」には、家元の格にふさわしい「ご祝儀」を届けなければなりません。また弟子が「おさらい会」を開くときにも、それなりの「ご祝儀」は欠かせません。

弟子の少ないお師匠さんの暮らしはちょっと違いました。ある流儀では弟子が十人あれば食うには困らなかったそうです。毎月の謝礼はその月の生活費になり、あとは盆暮れの付け届けと、年に一回の「おさらい会」の謝礼で暮らしていけたそうです。

それでいて正月と夏はお休みでした。江戸時代には生活費があまりかからなかったので、とくに贅沢をしなければ十分だったといいます。

ついでに月謝について一言。師匠への謝礼は毎月初めに届けるのが常識でした。江戸時代のお稽古はとくに制限はなく、いつでも、一日中というのが普通でしたから、師匠の家は弟子の集会場のようだったそうです。

それが近年では師匠が忙しいと、曜日と時間を決めていくらというようになりました。そのため稽古も時間制になり、自分の都合で休んだ場合には、今月は×回しか教わっていないからと、勝手に割り引いて納める弟子があったとか。聞くところによると、子供のピアノのお稽古では、チケット制度を取り入れて、一時間いくらという教師がいるそうです。ほかの弟子のお稽古を聞くのもお稽古だといわれていたのが、嘘のような時代になったのです。このようなお稽古で本当の古典芸能が身に付くでしょうか。昔では考えられない時代になったのです。それほど誰もが忙しいのでしょうか。無駄だと思うのは、心に余裕がないからだと思います（このあたりは66ページを参照してください）。

第九章

なぜ立って演奏してはいけないのか

日本の劇場は平面

雅楽の演奏家は「あぐら」をかいて演奏しています。能楽やおコト、三味線音楽の演奏家は「正座」して演奏します。立って演奏するのは長唄の「大薩摩」(歌舞伎で見られます)だけで、能楽の大小の鼓も、おコトで演奏される立奏台(古典曲でも使用します)でも、腰かけています。新内流しは歩きながら演奏しますが、これは営業形態の一部です。ヴァイオリン独奏のように立って演奏するのは日本音楽にはありません。

特例として尺八の演奏があります。江戸時代には尺八は禅の修行のための法器でした。修行のために門付のように立って演奏をしていましたから、その名残で尺八独奏では立って演奏することがあります。明治になってその束縛がなくなり、誰でも吹いていいようになると、いわゆる「三曲合奏」では、三味線、おコトと同じように正座して演奏するようになりました。無理にこじつければ、立って演奏するのは盆踊りの音頭取りぐらいでしょうか。でもこれは唄です。

日本の劇場あるいは舞台は昔から平面です。日本人にとって当たり前のことですが、ヨーロッパの劇場には平面でないものがありました。舞台の奥が高くて、客席に向かって傾斜していたものや、舞台全体が大きな階段状になっているものがありました。

近年では改築がすすみ、ほとんど平面になったようですが、そのことはさておいて、日本で最初の西洋式劇場である帝国劇場が明治四十四年（一九一一）三月に開場したとき、その開場前は舞台が傾斜していました。舞台稽古をしたところ、装置が倒れたり小道具類が転がるので、大急ぎで平面に作り替えたそうです。それ以後日本には傾斜式の舞台は作られていません。たしかに舞台に若干の傾斜があれば、バレエのソロなどは舞台の奥から前へ踊りながら進むのには効果がありそうです。

したがって舞台面に敷いてある板は、ヨーロッパでは客席から見て左右に敷いてありますが、日本の能舞台も歌舞伎の舞台も縦に敷いてあります。踊りのときに敷く所作板も縦に敷きます。どちらでもいいというのは知らない人で、演じる人にとっては重要なのです。歌舞伎では、とくに役者は、客に対して常に絵になるように、立っているだけでも全体が絵になるように心がけていますから、役者は足の裏で、自分がどのような位置にあるのかを確認しているのです。立体的な位置よりも、平面的な絵巻物のようでありたいし、舞台そのものが一枚の絵になっているのが大切なのです。

現在の能舞台は建物の中にあり、舞台そのものは改築されていません。しかも、舞台そのものは変わっていませんが、歌舞伎の舞台は劇場が大きくなるにつれて横に広がりました。これは建築法の違いや幕府の許可があったからですが、縦には伸びなかったのです。そのためお芝居の中で二階家が出てくる場合にはなんとも扱いに苦労しているようです。たとえば「忠臣蔵」七段目では、お軽のいる部屋は離れのようになっていて、隣りの二階というにはどうもバランスが悪く感じられます。

舞台は神のいるところ

前にも書きましたが、日本の芸能は神を鎮め慰めるために自然に生まれたものですから、地の神々を大切にしますが、地の神はかなり難しい神で、意地悪なところもある神でしたから、扱いもかなり面倒でした。基本的にはまずはじめに地面に四本の柱を建て、しめ縄で囲い、一時的にその場所から神に移動してもらいます。そこで神を慰める芸能＝神楽が演じられたと思われます。そこで強く足踏みをして地の神を讃えます。これは相撲の始まりであり、地鎮祭の始まりです。ちょっと申し添えると、こうした考えのないヨーロッパなどには地鎮祭はありません。日本では小さな一軒の家を建てるときはもちろんのこと、ダムや原子力発電所の工事が始まる前には、必ず地鎮祭が行われます。

それはさておき、地を鎮めるのが最初の儀式で、そこで演奏される神楽を人々は輪になって参加し、見物しました。回りの芝にいたので「芝居」と言ったのです。神楽の奏者も見物も同じ平面にいたのです。それが形を変えて神が出現するようになります。そのため神のいるところを少し高くしたのが舞台になりました。

ですから神を慰めた演者も少し高いところへ移動しました。舞台は神のいるところなのです。神を迎えて慰める場所でした。長唄舞踊「娘道成寺」で白拍子花子が、登場すると間もなく舞台を一回りしますが、これは地の神を呼び出してそこを聖なる場所として、そこで慰めることを表現しているのです。そうすることが舞踊の基本的な概念をあらわしているので、ただ意味もなく舞台を一回りしているのではありません。

そして日本は言霊の国ですから、神楽の前にはまず神主の祝詞が読み上げられるように決まっていました。善い言葉を述べれば善いことがもたらされるのですから、言葉は大切です。静かに重々しく祝詞が読み上げられます。長い間その儀式が伝承されてきたので、今の人にはわからなくなっています。能楽でもはじめに神能が演じられますが、これは繰り返しますが儀式だったのです。これは伝承されていて、今でも演じられています。

ここでちょっと話題を変えますと、地の神を慰めた結果はどうなるのでしょう。幸せをもたらす神はいないのでしょうか。実は天のかなたにいるのです。というよりは遥か遠くにいると信じられていました。それが地の神が移動したあとに、はるか遠くからやって来ます。先ほどの四本の柱を伝わって下りてくるのです。四本の柱はその「依代《よりしろ》」だったのです。その形が変わった結果、「依代」として神社の回りにはまっすぐなもの、たとえば高い杉の木などが植えられているのです。ヨーロッパやアメリカで教会が平地に建っているのと大ちがいです。地の神の姿はわかりませんが、幸せをもってくる神は、白髪の老人の姿であらわれます。これが「翁」です。「千歳」という案内役に導かれ、三番叟という者を従えてやって来ます。

「翁」は人間には理解できない言葉で祝福を与えてくれます。わからないから有難いのです。「とうとうたらり……」というのがそれです。これはチベット語の変化したものらしいという説がありますが、意味を考えることは無意味です。意味がわからないので、これをわかりやすくするのが「三番叟」の役です。こちらの言葉もよくわかりませんが、やさしく説明をする役なのです。それが親しみをあらわす言葉と踊りになったのが日本音楽各派に伝承されている「三番叟もの」でしょう。舞踊ですとかなり派手になります。

神の場所で立っていてはいけない

舞台は地の神の移動した後に来ていただいた「翁」その他の神々のいるところです。そこに人間が立っていては無礼になります。人間も地にいなくてはなりません。というところから、神のいる舞台では神に近く、坐っていなくてはなりません。その坐り方も次第に洗練されてきます。その手本は能楽でした。能楽の四拍子（楽器演奏家）と地謡がいつごろから正座するようになったのかわかりませんが、十七世紀終わりごろには歌舞伎の演奏家も正座しているようです。十七世紀初めごろは人数が少ないので、大きな袴をはいている絵がありますが、あまり大きい袴なので区別できません。能楽の大小の鼓が腰かけているのは、もと鼓を葛桶《かずらおけ》に入れて持ってきて、じゃまになるからこれに腰かけるようになったのが始まりだといわれています。およそ一五〇〇年ごろからららしいのですが、その名残でしょうか、今でも大小の鼓と腰かけは自分で持ってきて組み立て、演奏が終わると自分で片付けて持って帰ります。

後見役は舞台にいるのに、なぜこうなったのでしょう。このような例はヨーロッパ音楽には見当たりません。ただ現代音楽で、楽器を持って順々に登場し、演奏の終わった人がふたたび順々に退場する演奏会を見たことがあります。

浄瑠璃系統の演奏家は二丁（二挺とも書く。三味線）三枚（浄瑠璃太夫）が決まりになったのは、劇場建築が始まって間もなくと思われます。舞台正面に並んでいる絵があるからわかりますが、能舞台を写して三間《さんげん》四方《しほう》（京間三間＝十九尺五寸）の舞台ができたときに、その正面に演奏家を坐らせました。舞台の大きさの基本は三間四方でしたから、かなり後になっても演技する主な場所は、脚本に「本舞台三間の間」と書かれていました。五人以上は坐れなかったためです。「娘道成寺」は初演の正本の表紙を見ると唄方四人、三味線方四人、それに囃子方五人の名前がありますが、初演された宝暦三

出語り図。小春治兵衛の心中道行の場面。天明4年(1784)8月、中村座「道行野辺の書置」。『浮世絵八華2』(平凡社、1985年)。

年（一七五三）当時、長唄はこの十三人がすべて舞台に坐っていたのだろうかと考えてしまいます。どのような位置にいたのでしょう。

能楽の演奏家は、大小の鼓も初期のころには正座していたと思われます。それも今と同じ形で。足がしびれるのではと心配する方もあると思いますが、それこそ子供のときから、たいてい自宅にある板の間の稽古舞台で稽古してきましたから、板の間に正座することには慣れています。慣れてくれば同じ板でも受ける感じは違うようです。ある地方の能舞台についてきいたところ、「床が（板が）柔らかいので疲れにくい」ということでした。

ふだん板の間に正座して稽古していなかった三味線音楽の演奏家は、能楽と同じように正座して演奏するのはむずかしかったと思います。演奏する場所＝山台《やまだい》の上は板敷きで、蒲団の類は敷いていません。浮世絵などを見ても蒲団を敷いているのを見たことがありません。しかしそこは工夫したもので、蒲団を隠せばいいのです。今でも山台の上には細長い蒲団を敷き、上を赤い毛氈《もうせん》で覆っています。客席からは板敷きだと思っている方もありそうです。浮世絵でも同じで、山台の上には毛氈しか描かれていません。これは初期からの習慣だったと推定されます。例外は義太夫の太夫で、厚い座布団を敷いていますが、これは太夫の坐り方が特殊だからです。正座した形で足の先を曲げて、半分中腰をしているからです。

おコトの演奏家も原則蒲団は敷きません。おコトは十七世紀には歌舞伎の舞台に出ていましたが、やがて出演しなくなりますから、舞台のことはわかりません。しかし今でもおコトの演奏家は、リサイタルでも山台には坐らず、舞台に毛氈を敷いただけで正座していますから、室内楽として伝承されたおコトは、畳の上で座布団などは敷かないで演奏していたと思われます。ただ山台の上とすると、おコトは大きいので、おコトを支える脚(龍手や龍趾)の扱いが難しくなります。また演奏家には盲人が多かったので、身分を考えて座布団の類は使用しなかったのかもしれません。

舞台による影響

地の神を鎮め慰めるための演奏家の位置については、いろいろに工夫されたり、試行錯誤もあったと思います。義太夫狂言の竹本連中はもと舞台上手(向かって右)上部と決まっていましたが、大正年間に徐々に下で演奏するようになりました。今では舞台の上になっています。人形浄瑠璃文楽でも、人形のいる舞台と演奏家はほとんど同じ平面です。
そうなると役者も音楽演奏家も、神の前では同じなのですから、演奏家だけが立って演奏するのは神に対して失礼、無礼になります。できる限り同じ平面で、身体は地に密着していなければなりません。人間の身体には穢れた部分があります。その穢れた部分をほんの少し、地から離しておこうという考えがあったのではないでしょうか。日本独自の芸能が始まったとき、舞台にその穢れた部分を接する「あぐら」は嫌われたのだろうと思います。中国から輸入した雅楽にはその考えがなかったので、「あぐら」の坐り方がそのまま伝わったのでしょう。

十八世紀には正座が正式な礼儀になりました。それ以前は女性はたいてい「片膝つき」で坐っていました。世の中が落ち着いた十八世紀には和服＝着物が発達しました。着物ではあぐらも片膝つきも自由になりません。着物が先なのか正座が先なのかわかりませんが、女性の立ち居振舞が洗練され、上品になるにつれて正座が普及したのには、右に紹介した能楽、歌舞伎の舞台などが大きな影響を与えたと思います。

パフォーマンスの時代へ

大夫薩摩左内
薩摩掾外記藤原直政
井筒屋
泰平住吉踊

外記節正本「泰平住吉踊」年代不詳。『歌謡音曲集』（日本名著全集、1929年）

おしまいに歌舞伎でただ一つ、立ったままで演奏する「大薩摩《おおざつま》」について説明しておきましょう。大薩摩というのは江戸歌舞伎の初期、荒事で使用された浄瑠璃の一派だったのですが、時代が新しくなるに連れて衰退して、やがて長唄に吸収されてしまいます。文政九年（一八二六）のことでした。その演奏はほかの浄瑠璃と同じだったのですが、歌舞伎の演出として曲の一部の名称が使用されています。

舞台上で色々な事件があり、いよいよクライマックスに近付いたとき、場面が一変して深山幽谷になり、暗闇のなかで宝物を奪い合うようなとき、あるいは荒事が始まるとき、その場の雰囲気をあらわすために、とくに大薩摩が演奏されます。まず後見が出て舞台の前=浅黄幕の前に合引《あいびき》（小さな台）を置きます。続いて太夫（語る人）と三味線方が出て、太夫は立ったまま、三味線方は合引に片足をかけて同じく立ったまま演奏します。文句は難しい漢語が多く、力強く重々しく語ります。三味線は途中で「唐草《からくさ》」という派手な部分を演奏します。たいていここで客から拍手があります。

そのあと少し語り、演奏がすむと二人は退場。ふたたび後見が出て合引を持って退場。演奏時間はおよそ五、六分ほど。知らせの柝《き》が入り、浅黄幕が切って落とされ、次の場面が始まります。この演出は十八世紀中ごろに始まったらしいのですが、詳しいことはわかっていません。

なお近年の新しい和楽器演奏会では、全員が立って演奏する器楽曲が増えています。衣装もそれぞれ派手なものです。パフォーマンスが喜ばれる時代になったようです。

◉第十章

なぜ語尾を震わせるのか

伝統的な日本の歌い方

日本音楽では語尾の母音を極端に伸ばしたり、震わせるものが多いようです。能楽の謡や三味線音楽の長唄、清元、最近の流行歌、歌謡曲にも聴かれます。近年の歌では坂本九の「上を向いて歩こう」は全体をかなり震わせていました。古い流行歌手ではほとんどが震わせていました。印象が強かったのは田端義夫の「帰り船」だったような気がします。

歌謡曲嫌いの人はこの震わせるのが厭だったといいますが、近年の流行歌も変わってきましたし、歌い方も変わってきています。しかし伝統的な日本の歌う（語る）曲では、語尾だけでなく、歌う（語る）途中で切って、震わせる方法があります。おコトの歌ではじめの五文字だけで五分以上かかる曲もあります。それが途中で切られていては、それこそ何の歌だかわかりません。三味線組歌にはいくつかあります。

しかしヨーロッパ音楽でもリリックとかコロラチュールというソプラノでは、やはり語尾を震わせて（いるように）聴こえるのですが、これについての苦情はありません。でも本当はあまり震わせてはいけないのだそうです。

語尾を響かせるため

それについて考えてみましょう。まず古い語り方が伝承されている平家琵琶です。有名な「祇園精舎の鐘の声」の文句で始まりますが、その語り方は「ぎおーおーおーおーんしょーおおんーじゃのーおーおーんーんー……」というものです。語の途中を伸ばして高さを極端に上下させているのです。これに似た例は三味線組歌「京鹿子」にも認められます。現在の平家琵琶ではあまり震わせてはいませんが、どうもこのあたりが始まりのように思えます。

能楽の祝言小謡では「高砂やこの浦舟に帆をあげて」では、これは謡う人にもよりますが、震わせる人がいますし、声の出し方をわざとこもらせ、重々しく謡うのが特

一中節「辰巳の四季」より「雪やこんこ」の部分

徴です。そうすると何を謡っているのかわかりませんが、たとえどんなに美声でも、童謡のように高い声ですと、有難味やめでたさは感じられないでしょう。義太夫では豊竹山城少掾の発声がこれに近かったと思いますが、曲の内容の解釈や表現に優れていましたので、気がつかなかった人が多かったのです。長唄では日吉小三八や十四世杵屋六左衛門などの発声が震わせる方でした。

それに比べると清元の発声では、清元志寿太夫の語尾のそれは派手でしたし、とくに若いときの録音を聴くと、聴き惚れてしまうほどの見事なものでした。これを揺らせているから「ユリ」と名付けたのは町田嘉章《まちだかしょう》（一八八八～一九八一）でしたが、震わせるのもやはりその人の芸だったのです。

義太夫には「ひびき仮名」というのがあります。たとえば「何がなにして」という文句があると、そのおしまいの「て」の母音「え」を「てんね」とするのです。それは「あ」ならば「あんな」、同じように「いんに」「うんぬ」とするものです。ただし一段の内でもそう度々使いませんから、気がつかないことが多いようです。

これが極端なのが一中節にあります。たとえば「辰巳の四季」で「庭の桜が、ちんりちらちら春風に」のところで、「ちんりちらちらアンアンナー春風にイーインニー」

と語ります（123ページ参照）。これも一中節のどの曲でも使うとは限りません。ある曲もない曲もあります。一中節が一般的ではないため、この名称がなかったので、私は「一中節のひびき仮名」と名付けました。義太夫のそれと同じように「アンアンナー」「イーインニー」のように文句のおしまいの母音を変化させて語りますが、これには規則はないようで、場所も決まっていないようであり、また長短があります。

もっとも長いのが同じ「辰巳の四季」の「晒す晒しの品もよく」のところです。「晒すさらしのオンオンノーオンノーオンヨーオンヨー品もよくウンヌー」です。初めて一中節のこの曲を聴いたら、それこそなんのことやらわからないでしょう。一中節ははじめ歌舞伎に出演していたのですが、次第に縁が遠くなり、好事家や上流階級の愛好家の間で伝承されてきたので、古い形が崩れることなく現在まで残っているのです。

この二つの例から考えられることは、語尾を震わせるのは語尾を響かせるための一つの方法ではなかったかということでした。

残響のある楽器がなかった

ここで日本音楽が演奏される場所を考えてみましょう。雅楽は野外でした。能楽も現在は建物（能楽堂）ですが、古くから野外でした。寺社の勧進能などは当然です。歌舞伎の劇場は木造で、江戸時代中ごろには劇場の外側は竹矢来か板塀でした。劇場が小さかったので、大きな声は外まで聞こえたそうです。ほかの芸能も神楽や民謡、祭礼の余興はやはり野外でした。寺社の建物はほとんど野外と同じで、外気は自由に通り抜けました。庶民の家は木造で、あとは布か紙でできていましたし、風通しはよかったのです。

それに対してヨーロッパの劇場はギリシャ・ローマ時代から石造でした。野外劇場で屋根がなくても反響が強く、役者の声も音楽もよく聞こえたそうです。教会も石造でしたから、賛美歌はよく響いて荘厳な雰囲気を作りました。大勢の人が集まる場所は広くてもよく響いたのです。

鐘の音でいうとヨーロッパの教会の鐘は「カンカンカン」という響きで遠くまで聞こえました。日本の寺の鐘は「ゴーン」と打ったあと「オーンオーン」という残響を聞かせます。同じようにどこの家庭にもある「お鈴《りん》」でも「チーン」と打ったあと「リーンイーン」と残響が響きます。もちろん仏事などのときに聞かれる「ゴーン」という大きなすり鉢形の鐘＝磬《けい》というのも残響が大きいでしょう。金属製の仏具にはほとんど残響があります。

日本では残響のある楽器がなかったところに、中国から入ってきた仏教が日本に定着し、発展し、庶民の間に普及したのは、優秀な僧侶たちの努力があったからですが、もしかしたら日本になかった残響をもってきたからだと考えたくなります。残響としては山彦ぐらいしかなかった日本にとって、教義より以前にこの仏具＝残響をもった仏具は、具体的な仏の声に聞こえたのかもしれないと想像したくなります。

表現のしかたが大切

ヨーロッパ音楽で、ヴァイオリンやチェロ、ヴィオラなどの弦楽器の弦に指を当てて震わせるようになったのは、十九世紀の半ばごろのことだといいます。しかし日本ではいたしません。それを真似たのは宮城道雄だったらしいのですが、ついに定着しませんでした。三味線でもおコトでも、日本の弦楽器の音は急激に立ち上がり、急激に消えてしまいます。それでよかったのです。弦を震わせようという考えは生まれなかったのです。

違う意味で弦が震える楽器がありました。胡弓です。現在でも「風の盆」で演奏されますが、江戸時代の「三曲」は、三味線、おコト、胡弓でした。

　ところが明治維新以後、それまで「吹禅」のための仏具で虚無僧以外は吹くことを禁じられていた尺八が、誰でも吹けるようになった結果、胡弓が尺八に代わったため、胡弓は聴かれなくなりました。胡弓は風の音色です。さらには音程が不安定だったので、劇場音楽には向いていなかったからでしょう。胡弓の音色の「ゆれ」は嫌われたのです。

　楽器ではできなかったものの、声は自分の身体で震わすことができました。そうするとある種のムードが作れます。自分のために自分で響かせる、ふるわせる。それがくぐもった発声になり、こもらせた声になったのだと思います。

　これは繰り返しますが、他人のためではありません。あくまで自分のためのものなのです。その結果、何を歌って（語って）いるのかわからないと苦情が出ても、それにこだわる必要はなかったのです。前にも述べたことですが、聴く人のほとんどは「聴いたことがある」「知っている」「習ったことがある」曲ですから心配しなくていいのです。内容や言葉を「わかってもらう」必要はありません。どのように表現しているのかが問題になります。

演奏家と限られた聴衆とで別の社会が生まれたのが「おさらい会」でした。師匠と弟子だけの世界を確認するための演奏会でしたから、ここでは自分の音楽世界しかありません。それ以外の聴衆・観客は「お客様」ですから、そういう人にはお土産を出さなくてはなりません。お土産を貰って喜ぶ人もいますが、それはあくまでも「お客様」で、別の世界の人であることの証明なのです。

そういうところでは、言葉ははっきりさせる必要がありません。どのように表現するのか、そしてどのように自分に酔うことができるのか、ということになります。語尾を長々と伸ばしたり、震わせたり、長くあるべき文句の途中で切って息つぎをしてもよかったのです。そこでは目を閉じて唄う（語る）のも許されました。

日本では（とくに舞台では）目を閉じることは許されませんが、たまにヴァイオリン独奏などTVの中継で見ると、目を閉じて演奏している人を見かけます。自分の演奏に夢中になり、酔っているのでしょうと思いますが、聴く人のことは無視しているのだなと思います。しかしそうした演奏を褒めている批評を見ることもありますが、私は嫌いです。一人言をつぶやきます「お気の毒に、あなたは盲人ですね」と。

エコーマシーンの影響

ところがエコーマシーンが発明されてから、日本の音楽事情が一変しました。まずレコード会社が飛びつきました。ありとあらゆるレコードにエコー（響き）を付けたのです。レコードの魅力が増すと考えたのでしょう。とくに個人の歌手の声にエコーを付けると、下手な歌手でもうまいように聴かせたのです。それを巧みに取り入れたのがカラオケでした。それ以前からマイナスレコードと言って、たとえば歌曲の声のない、あるいは合奏曲のうち一つの楽器を外したレコードがありました。

それが「歌謡曲練習のための」レコードになり、電子機器の発達を利用した「カラオケ」になりました。はじめのころはそれほどでもなかったのですが、これにエコーマシーンが加わると、爆発的に人気が出ました。仏教音楽伝来以来、声をくぐもらせても、ふるわせても、どうしても手に入らなかったエコーが手に入ったのです。

日本人はもともと歌うことが好きな民族だったとか、音楽教育の成果だとか、さまざまな論評がなされましたが、私は奈良平安時代から、大げさに言うと有史以来、手に入らなかったエコーを手に入れた結果だと思います。日本中で流行し、やがてエコーのない所に住んでいたアジア各国に普及して「カラオケ」は世界共通語になりました。レコードやCDの歌手の声はすべてエコーが利いているのです。

閑話休題、その時代に一人のスターが生まれました。それは今までとは反対にエコーのつかない歌い方（レコードには付いていましたが、揺らせたりくぐもらせたりしない）をした松田聖子の「青い珊瑚礁」でした。あくまでも明るく、大草原を一人駆け回っているような声でした。歌い出しは「あー私の恋はー……」でした。エコーもユリもなかった時代に戻っているような歌い方だったのです。別な意味で新しい歌手だったと思います。

カラオケはさらに発達して、歌う人のキー（音程）に合わせたり、歌い方を指示したり点数をつけるようになりました。改めて言うことはありませんが、もし経験のない方があれば（そんな人はいないでしょうが）一度は出かけてみてください。日本人が有史以来初めて手に入れた音楽経験なのですから。

◉第十一章

なぜ金属製の楽器がないのか

中国とヨーロッパから輸入

日本の楽器はほとんど木、竹、革などでできています。楽器の研究は盛んですが、この理由について明快な解答はなかったようです。

現在の雅楽の楽器は大太鼓、それに笙、楽琵琶、楽箏、龍笛、高麗笛《こまぶえ》、篳篥、羯鼓、笏拍子などがすべて非金属製です。古くは金属製の方響もありましたが、使われなくなりました。金属製の楽器は小さな鉦鼓ぐらいです。

能楽の楽器は四拍子（能管、小鼓、大鼓、太鼓）の四種類で、金属製ではありません。

近世になって発達してきた音楽の楽器として、おコト、各種の三味線や尺八、民謡などの笛や太鼓も金属製ではありません。わずかに民謡の一部で、チャンチキ（コンチキ）が使われている程度です。歌舞伎の囃子（下座、または黒簾音楽）ではオルゴールと称する楽器がありますが、主なる楽器は大太鼓です。仏教音楽で使用する楽器については、別に考えることにします。

三味線の伝来

日本の文化全体についていえることですが、その根本には輸入品崇拝の風潮があることを否定できないでしょう。それは現代にもいえることです。古くは中国（とくに奈良時代の唐）から最初の文化輸入が始まりました。そしてかなり長い間にわたって、文化の先進国が中国であったことにかわりはなかったのです。

その中国文化を輸入し、それを日本化することに努めてきたのですが、芸能・音楽についてはまず舞楽が大成功を収めました。日本化して管弦だけを演奏する雅楽を完成させ、その組織まで完成させています。

中世も終わり近くなって大きなショックがありました。それは鉄砲と煙草と三味線の伝来です。鉄砲は戦争の形をすっかり変えて、その結果戦国時代に終わりを告げます。煙草は風俗を一変させました。三味線は日本化されて新しい音楽を作って今日に至っております。

同じころヨーロッパの文物が、キリスト教の宣教師とともに日本にやってきました。その中には金属製の楽器がありました。たとえば織田信長（一五三四〜八二）は、チャルメイラあるいはトロンペイラという金属製の直管の笛を聴いています。パイプオルガンも聴いていたようです。

しかしこれらの楽器は日本には定着しませんでした。鉄砲は新しい武器として定着したのに、同じ金属製品でありながら、この差はどこにあるのでしょう。音色の違いだけでしょうか。戦乱に明け暮れていた時代とは言うものの、外国から来たものはほとんど自分のものにしてしまった国民性を考えると、不思議な気がいたします。

気候と日本の楽器

日本は亜熱帯に位置しています。年間に降る雨の量も多く、高温多湿の国といっていいでしょう。世界の気候を見てみると、ヨーロッパなど諸外国に比べると雨が圧倒的に多いことに気がつきます。さらに梅雨と秋の長雨とは別格です。大きな台風でも来るとさらに多くなります。また梅雨ごろから真夏にかけての湿度の高さは、ほとん

世界の気象

気象庁発表データより。近年30年間平均。　※気温＝℃、降水量＝mm

東京

月	1	2	3	4	5	6	7	8	9	10	11	12
平均気温	5.2	5.7	8.7	13.9	18.2	21.4	26.9	26.4	22.8	17.5	12.1	7.6
降水量	52.3	56.1	117.5	124.5	137.8	167.7	153.5	168.2	209.8	197.8	92.5	51.0

北京

月	1	2	3	4	5	6	7	8	9	10	11	12
平均気温	-3.1	0.2	6.7	14.8	20.8	24.9	26.7	25.5	20.7	13.7	5.0	-0.9
降水量	2.5	4.4	9.8	24.3	37.3	72.1	160.5	139.2	48.8	23.1	9.8	2.3

ニューヨーク

月	1	2	3	4	5	6	7	8	9	10	11	12
平均気温	1.0	2.0	5.9	11.6	17.1	22.4	25.3	24.8	20.8	14.7	9.2	3.7
降水量	82.5	67.8	105.1	102.1	37.3	101.8	111.4	107.9	94.5	96.9	87.8	90.3

パリ

月	1	2	3	4	5	6	7	8	9	10	11	12
平均気温	4.1	5.1	7.9	11.0	14.8	18.3	25.3	19.8	16.1	12.1	7.4	4.3
降水量	43.1	42.3	43.3	46.7	55.7	47.0	60.6	65.7	39.8	58.2	54.5	65.8

ミュンヘン

月	1	2	3	4	5	6	7	8	9	10	11	12
平均気温	-0.5	0.4	4.2	9.5	13.7	17.4	19.5	18.1	13.3	8.8	4.7	0.5
降水量	46.8	33.0	49.1	56.7	78.3	103.7	98.8	84.3	53.8	49.2	43.7	52.5

ど耐えられないほどであることは、誰でも実感しているところです。

しかし乾燥ということになれば、二月ごろには乾燥期になり、湿度は三〇パーセント以下になることもあります。乾湿の差が大きく、一定していないというのが日本の気候の特色です。

そうした面で日本の楽器を見直してみましょう。まずもっとも一般的な横笛についてみると、雅楽で使用されるのが龍笛、高麗笛、神楽笛。能楽と歌舞伎囃子で使用されるのが能管《のうかん》。あと歌舞伎囃子や民俗芸能で使用される篠笛があります。

もっとも古い笛は正倉院にあります。中国から輸入した雅楽は仁明天皇在位（八三三〜八五〇）のころからおよそ五十年間にわたって全体が整理されました（楽制改革）。これらは純粋な（日本生まれではない）音楽ですから、これからはあまり話題にしないことにします。

もっとも日本的といえる能楽について見てみましょう。能楽の楽器は舞台に向かって右から能管、小鼓、大鼓、太鼓です。これを四拍子といいます。この並び方は五月人形の「五人囃子」のお手本です。ただし四拍子のほかに扇を持った謡（歌う人）が一人いるので五人になります。

まず笛です。能楽で演奏される笛（能管と言います）は、竹製です。五十年以上百年ほど農家の室内で、囲炉裏などで乾かされた竹＝煤竹《すすだけ》を使用します。その煤竹を四つに割り、それを裏返して縛り、内側に漆を塗って笛にします。これは吹く息の湿気が竹に伝わらないように工夫したものです。さらにその笛を三つに切って、中央部には吹く息が通りにくいようにハメモノが入っています。わざと息を通りにくくしてあるので、あの「ヒーッ」という鋭い音がします。能楽が野外で上演されていた時代には、そういう音でなければ聴こえなかったでしょう。その能管は百年以上吹き続けると良い音色を聴かせてくれるそうです。音程はないといっていいでしょう。演奏家は気にいった一本を生涯吹き続けるといいます。

祭礼などで使われる笛は篠笛といいます。こちらは能管のような加工はしません。同じく煤竹を使いますが、割ったりしないで、そのまま中に漆を塗ります。篠笛は長篠笛は長さによって音程が違ってきますから、歌舞伎囃子方の笛の演奏家は、音程（ピッチ）の違う篠笛を何十本も持っています。歌舞伎囃子方は能管も演奏します。

縦笛としては尺八、その代用として江戸時代に使用された「一節切《ひとよぎり》」がありますが、こちらはそんなに古い竹は使用しません。しかし内側に漆を塗るのは同じです。尺八は実に簡単な楽器で、息を吹きこむ歌口のほかに指で押さえる穴が表に四つ、裏に一つで合計五つです。これも長さによって音程（ピッチ）が違いますから、演奏曲によって使い分けします。

武士の常識

大小の鼓は、胴を上下で挟む革を手で打つ（大鼓は指にハメ物をします）楽器です。そのうち小鼓の革は馬の革で、二枚の革は馬の腹仔（妊娠している馬から取り出した仔馬の革）が最上だといいます。小鼓の革は常に一定の湿り気を帯びているように調節します。革を嘗めているように見えるのは、そのためです。これも演奏者によって見えない工夫が加えられています。

それと対照的なのが大鼓《おおかわ》。こちらの音は金属製楽器の代用として考えられた鼓だと思います。「カーン」という大きく鋭い音です。革は常に乾いていなければなりません。出演前には古くは火鉢で、最近は電熱器であぶって乾かします（焙じるといいます）。演奏時間が長い（舞台にいる時間が長い）ときには取り替えることもあります。

太鼓は締め太鼓を使います。これは演奏前に組み立て、両手で撥で打ちます。その

延宝6年(1678)『古今役者物語』。左上で大鼓の草を火鉢で焙じている。

締め太鼓。『江戸歌舞伎　歴史と魅力』(江戸東京博物館、1995年)より。

役割は俗に「太鼓入り」と「太鼓なし」という言葉で分類されます。繰り返しますが、能楽も物語りです。曲はシテ（主役）によって神、男、女、狂、鬼に分けられます。

神能はもと神事に使用された神楽などの音楽を主にしたものです。男性が主人公になる物語りは『平家物語』などに出てくる英雄・豪傑たちが主人公で、女能はそれらにまつわる女性が主人公です。狂というのは物語りの中で、精神的に追いつめられて、ある種のヒステリー状態になった人が主人公ですが、これは女性が多い。鬼というのはこの世には存在しない不思議なものが主人公です。

能楽は長い年月を経て洗練され、高度の技術と工夫によって、すばらしい音楽芸術にまで高められてきました。子供のうちから親または師匠から稽古をしてもらい、内容については知識が増えて、わからないなりに次第に身につくようになってきます。事実かどうかより、能楽の文句（謡）で表現された和歌やその他が教養になって行きますが、これは武士の一般教養になって行くとともに、武家社会の共通常識にまで高められてきました。

この能楽の謡や四拍子は、武士が知っておくべき常識になりましたから、知っているのが当たり前です。徳川幕府では、たとえば京都からの勅使を迎えたときには、かならず能楽を演じて見せると決まっていました。歌舞伎の「忠臣蔵」の三段目、いわゆる殿中刃傷（塩冶判官が高師直に斬りつける）の場面では、効果音楽として舞台奥から能楽の囃子が聴こえてきますし、七段目では、力弥が由良之助に逢うところで、うっかり力弥が「かたき……」と言いかけると、由良之助は「敵と見えしは群れいる鷗」と、「八島」の一節を語ります。

現在の能楽

ただ、私にもよくわからないのが、世阿弥のころ、つまり能楽の初期のころ、興行として成立したころの能楽が、人気があり、大勢の客をあつめていた時代の音の大きさです。野外の仮設舞台で客を集めたということですが、正確な客の人数がわかりませんし、そこでの演能はどのくらいの大きさの声だったのでしょう。

現在の能楽堂は屋根つきの大きな建物の中にあり、そこで上演されています。それでも客席の場所によってはすべて明瞭に聞こえるとは限りません。演目によっては面をかけています。どうなっていたのでしょう。四拍子はたしかに聞こえてきますが、人間の声はどうなっていたのでしょう。

現在のロックフェスティバルなどでは、野外で設備を整えて数万人の客を集めているのと比べるのは無理なのでしょうか。それから七百年以上、今日まで伝承されて来ていて、現在でも聴くことができるのです。演奏したり聴いたり、楽しんでいたのは主に武士階級でしたが、その基本には「知っている」「習ったことがある」「聴いたことがある」だったのです。この原則は今でも変わりません。そういう人たちによって現在の能楽は成り立っているのです。ただ少子高齢化の進んだ今日では、観客減少の歯止めがつかなくなっているようです。

二〇〇八年、幸い世界遺産に登録されましたが、若い人たちにアピールするためにはいくつもの壁があります。西洋音楽、とくにニューミュージックに馴染んだ人には、音程が不確かに聴こえます。加えて語り物音楽らしいのですが、登場人物に対する知識が足りません。さらにせっかく理解しようとしても、何を言っているのかわかりません。メロディーは単調だし、リズムはあるのですがほとんど認められません。楽器は四種類だけ。テレビでもめったに紹介されませんから、このままではやがて消滅してしまいそうですが、その理由について、日本音楽に共通する問題として、以下に申し上げてまいりましょう。

楽器の材質

三味線の棹《さお》は紅木《こうき》で作られているのが普通だと前にも述べてありますが、紅木は重い木です。水に沈む木です。これは木造船の時代に、船の中心部に使用していたという説がありますが、そうではなく、大きな船で櫓《ろ》を漕いでいた時代に、櫓が当る部分が簡単に摺り減らないように使ったものだと聞いたことがあります。とにかくおそろしく硬くて重いので、船の底に重しを兼ねて予備品として積んでいたのだとも聞いたことがあります。

その紅木を誰がいつごろ三味線の棹に使い始めたのでしょう。それ以前は国産の硬い木、たとえば赤樫または白樫などが棹材として使われていたようで、私も見たことがあります。特殊なものでは栗材の棹があり、演奏家が「音がやわらかい」と言っていましたが、減るのが早いので、使用を制限しているとのことでした。

棹は現在たいてい「三つ折れ」といって三つに分けて繋ぐようになっています。それ以前は「長棹《ながざお》」または「延棹《のべざお》」といって長いままでした。特殊なものに胴を二つに分けて、その中に六つ以上に分けた棹をいれた旅行用の携帯三味線も作られていました。なお硬い紅木の三味線でも、長く弾いていると棹の表が減る（カン減り）ので、そのときには表面を少し削って調整します。棹が高価なので、木の粉末を固めて塗ることもあります。三味線の胴は花梨《かりん》材で、やはり硬い木ですが、水に浮きます。革を貼り替える度に少し削るので、やがて胴は薄くなります。

次に箏について。ここでは「おコト」と書きます。はじめに記したように、「箏」と「琴」は違うのです。ふつうは「琴」の字を使いますが、厳密には違う楽器です。古くは弦楽器をすべて「コト（琴）」と言っていました。たとえば「きんのこと（琴）」「そうのこと（箏）」「びわのこと（琵琶）」「こきうのこと（胡弓）」など。琴は一弦琴や大正琴のように弦の勘所を押さえて音の高さを調節するものです。箏のコトは柱《じ》を立てて一弦多音のコトですから、ここでは「コト」をふつうのコトに限り、「箏」の字も「琴」の字も使わないことにします。

コトは桐材を使います。切り倒してから五～八年、屋外で乾燥させます。さらに二～三年室内で乾燥させてから加工します。桐としては三十～四十年の木を使いますから、以上で製品になるまで五十年ほど経っています。ただし名器といわれるのは二百年以上の老木を使用するといいますが、樹木としてだけならば直系三十センチ以上あればよろしいそうです。大きな桐材ならば一本から二十面以上の用材が得られます。詳しい加工法はさておいて、重要なのは箏の表面を熱く焼いた鉄でこすり、木目をつぶして磨き、楽器の表面から直接湿気の影響を受けないようにしていることです。

その代わり、コトの裏側には小さな穴があって、そこから外気が出入りするようになっています。そしてさらに内側には「綾杉」という溝が彫ってあります。なぜこの綾杉があるのか、それが音色とどういう関係があるのか、研究はまだ十分とはいえません。

「綾杉」の不思議

綾杉は三味線の胴にもあります。三味線の棹は現在ほとんど紅木で作られています。胴は花梨材が多く、ともに東南アジアから産出されます。国産の樫《かしざお》棹や桑胴《くわどう》などもありましたが、現在の高級品は紅木棹、花梨胴です。音の大きさや音色に関係するのは胴に貼る革でしょう。その革は猫、または犬を用いますが、そのことは別にして、胴の内側に綾杉が彫ってあるのは不思議です。また革を通して外気がわずかに出入するようにしてあるのは、誰が考えたのでしょう。三味線の綾杉についても、繰り返しますがまだ厳密な研究はなされていません。

コトの糸（弦）も三味線の糸も絹糸です。現在は琵琶湖の北岸で作っていますが、蚕から糸を取り出し、それを撚って製品にするまでの工程はたいへんなものです。そして長い伝統の結果使用する糸も種類が多く複雑になった（三味線の糸は種類が多く、コトの糸は三味線より太い）ので製品の規格は専門家にしかわかりません。近年はナイロン糸、テトロン糸もありますが、まだ絹糸と同じ、あるいはそれを越える品質にはいたっていないようです。

三味線を弾くバチ（撥）は、思いのほか早く、十八世紀初めごろには象牙の撥を使用していた記録があります。しかし象牙の撥は誰でも使っていたわけではなく、ふつうは木製の撥を使っていました。今でもお稽古で使っている人がいます。象牙が一般的になったのは戦後のことで、一九六〇年代になってから糸巻にも使われるようになります。一九八九年に象牙はワシントン条約で輸出禁止になると、ストックが高額になり、代わりにチタンやプラスチックの撥が考案されましたが、それらは弾く人の手の湿り（汗）を吸い取らないので、長い曲を弾き続けると撥がすべると言って嫌う人がいます。柊《ひいらぎ》の撥を見たことがあります。

このほかおコトにも三味線にも細かい部品がありますが、全体を通して日本で使用する楽器はほとんど全部自然の材料で作られていて、金属製のものはないということです。それだけでなく、その使いかたは実に繊細微妙で、よくぞこれほどまでに工夫したものと感嘆するばかりです。三味線の猫の革、犬の革についても記したいところですが、長くなり過ぎるので、このへんまでにしておきます。

◉第十二章

なぜ調律・調弦をしながら演奏するのか

気象条件で伸びる弦

三味線音楽の演奏を見ていると、三味線を弾いている人（三味線方）がしょっちゅう左手で上の糸巻の部分をさわっています。あれは自分で三味線を調律・調弦しながら演奏しているのです。

ピアノですと演奏前に調律師が調律してくれます。調律しているのは見えませんから、知らない人が多かったようです。家庭にピアノが普及したピアノブームの時代には、家庭のピアノは時には狂っていることがありました。ピアノの調子がおかしいのに、そのまま弾いていたのです。よほどおかしくなってから、家庭のピアノでも調律する必要があると知って、おどろいたという話を聞いたことがあります。

三味線という楽器は面倒な楽器です。本調子という基本的な調弦法があるのですが、それだけで演奏できる曲は義太夫を除いてあまりありません。それに比べるとピアノは演奏前に調律師が調律してくれたら、そのまま続けて演奏できます。演奏途中でピアノの蓋をあけて調律するなどということは考えられません。（一曲演奏するたびに調律するハープシコードは例外です）その違いから申しましょう。

三味線の弦（糸）は蚕の糸を撚り合わせたもの（ピアノは鋼鉄線）ですから、その日の気象条件で伸びるのです。最近はエアコンが発達しているので、昔ほどではないようですが、舞台の条件（客の体温や照明の熱など）によって、演奏会場の温度や湿度が変化しますから、絃は伸びやすくなります。加えて三味線の胴に貼ってある革も変化します。弦が伸びれば音は低くなりますから、幕が開いてから間もなく自分で調律しなければなりません。

ですから幕があいてすぐにも糸巻を締めて（短くして）、ほんのわずか弦の音を高くすることがあります。出演前に調律してあっても、幕があくと急激に条件が変わっているので、楽屋で調律してあってもこれは仕方がないのです。

さらに三味線音楽は、たとえばはじめから終わりまで同じ調弦で演奏する曲はほとんどありません。極端に短い曲、たとえばメリヤス曲などは三〜四分のものもありますが、曲があらわす内容によって、途中で別の調弦で弾いたほうが適している曲があります。無理に同じ調弦で通そうとすると、演奏する手順が複雑になり、長い曲ですとそれだけで疲れてしまいます。それに長い曲ですと、唄って（語って）いる人の声は高くなることが多いようです。ふつうおしゃべりをしていても、二十分もすぎるとたいていいほんのわずかですが高くなります。そのままつづけると三味線の高さと声の高さがちがってきます。

本調子、二上り、三下り

その調弦法の基本に本調子、二上り、三下りがあります。本調子は堂々とした強い気分で、二上りは派手で軽い気分、三下りは落ち着いて静かな気分をあらわすといいますが、必ずそうとは限りません。三下りで派手で軽やかな気分をあらわすこともあります。

江戸時代の初期、十七世紀ごろには上方では義太夫は本調子、地歌やおコトは三下り、江戸長唄は二上りが主流でした。それが十八世紀になると東西の文化交流がすすんで、江戸の二上りがさかんになり、さらに固定した調弦での演奏より、途中で変えたほうが面白く聴かれるようになります。

現在でも人気のある「娘道成寺」は、もと上方で初演されたものです。テーマは道成寺伝説ですが、内容は女性のさまざまな生き方をあらわした比較的短い歌詞の集まりで、おコトの組唄形式の曲でした。上方で初演されたときは全曲三下り曲だったと思います。それを江戸にもってきて再演するとき、全曲そのままでは地味で変化がないので、「言わず語らぬ……」から鞠唄の二上り部分を追加したので、曲に変化がついて面白い曲になりました。そしてもとは上方で初演された曲であることを題名にもきかせて「京鹿子娘道成寺」にしたのだと思われます。

どの声にも合わせられる三味線

ここで本調子、二上り、三下りについて説明しておきましょう。三味線という楽器は相対音高の楽器です。ほかでも述べたように、日本音楽は言葉を主にした音楽でした。人間の声が主でした。声の高さは老若男女でちがいます。それに合わせて演奏できる楽器が三味線でした。次ページの表をご覧ください。絶対音高の楽器ですとピア

本調子・二上り・三下り：三味線の調弦法。三味線は基本的に相対音高の楽器で、人間の声の高さに合わせる。そして基本の調弦が本調子で、一、二、三の糸の関係がシ、ミ、シになっていればこれを本調子という。つまり一と三はオクターブで、一と二は完全四度である（図参照）。そして本調子の二を一全音上げると（二を上げたので）二上りという。本調子の三を一全音下げると（三を下げたので）三下りという。

ノのように、調弦を変えることはしないで、演奏する鍵盤の位置を変えて演奏します。ですからピアノの鍵盤はそれらすべてに適合するように八十八本もありますが、三味線には三本の弦しかありません。三本の弦全体を高くしたり、低くしたりすることで、ピアノと同じ働きをさせたのが三味線という楽器なのです。

ですから絶対音高のために五線譜があるのですが、これを三味線で使用したら何百枚も必要になりますから、奏法譜が考えられました。そうすれば五線譜には書けない微分音もあらわすことができるのです。三本の弦のお互いの関係を正しく保つことが重要なのです。そうすればどなたの声にも合わすことができます。

昔、職場の家族旅行で温泉に行ったことがありました。忙しい季節だったので、来てくれたのは年配の芸者一人でしたが、老人の旧い流行り唄から若い女性の歌謡曲、子供の唱歌まで、すべて一挺の三味線で伴奏してくれました。今ならさしずめカラオケルームに行くところでしょうが、それがなかった時代には、一挺の三味線がその役をつとめてくれたのです。

この原理を知っていますと、ピアノにはない音でも演奏することができます。繰り返しますが日本音楽はすべて声楽曲ですから、三味線という楽器はどのような高さの声にでも合わせることができるのです。このように自分で調律・調弦できる楽器ですから、どの音かを中心にした器楽曲（例えばピアノ独奏曲）は敬遠されたのでしょう。ある曲の一部にしてあればそれで納得できますが、さて、どれかの絶対音が基本であるとすると、その感覚は誰にでもあるとはかぎりませんから、作曲しても聴いてもらえません。

たとえば長唄「秋色種《あきのいろくさ》」には有名な「虫の合方《あいかた》」があります。秋の野に鳴くさまざまな虫の声を三味線だけの演奏で聴かせます。かなり長い合方で、およそ七分の演奏曲といっていいでしょう。

しかしこれは独奏曲にはなりません。その前に言葉で「松虫の音ぞ」と唄ってからこの合方になります。その声の高さで「虫の合方」を演奏しますから、声の高さに応じた虫の声になりますが、低い声に合わせて弾くからといって虫も低い声で鳴くわけではありません。その前から三味線は少し高くなっていますから、秋にふさわしい虫の声になっているのです。「虫の合方」だけを独立した演奏曲にしないところが日本音楽の特色なのです。言葉があって初めて合方が生きてくるのだし、合方があって言葉が生きてくるのです。なおこのあとの言葉は「楽しき」だけです。

昔と今の調弦方法

さて明治維新を迎えてヨーロッパから五線譜も入ってきました。これを懸命に勉強して#や♭の記号を読むことから始まりましたが、これはヨーロッパ音楽の記号ですから、日本音楽の人たちは縁がないと思って考えなかったようです。

それが最近では音楽教育が充実したこともあって、五線譜を自分用に読み替えて利用するようになりました。五線譜の日本的利用法です。昔はこれができなかったのですが、最近では楽器の演奏家ができるようになり、さらにこれで作曲をするようになりました。

三味線についてこだわりましたが、それと同じことがおコトでも行われています。

おコトの弦は十三本あります。その基本の調弦は「平調子」というのですが（次ページ図参照）、曲によってははじめから違う調弦で演奏する曲もあります。もちろん演奏途中で替えることもあります。一音だけのときには「押し手」といって弦を指で強く押す方法です。全体の調弦が違うときには、三味線の方法とは違って、おコトの「柱」の位置をうごかす方法です。

おコトは十三弦もあるので初心者にとっての調弦は難題でしたから、一時はそのための調子笛、最近ではスマホで調弦する人もいるようです。それまでは師匠あるいは同門の先輩が調弦してくれました。しかしおコトにも絶対音高という考え方はなかったようで、ある時代には自分勝手に調弦していた人もいたようですが、最近は三曲合奏などで尺八が演奏されるので、基本の音はほぼ決まっています。

私の知っていたある名人は、七弦と八弦が現代の感覚ではかなりズレていたのですが、その演奏は絶妙で、聴き惚れてしまう演奏でした。なぜだかわかりませんが、それが「芸」というものでしょう。

おコトは長い間、独奏楽器でしたが、最近は大勢での合奏も行われるようになりました。そうなると楽屋は大変です。十面あるいはそれ以上（おコトは×面と数えます）の

平調子

おコトの音の高さを揃えなくてはなりません。三味線のところで述べたように、幕が上がると、客席の温度や湿度で条件が変わりますから、本当はすべてのおコトの調弦を変えなくてはなりませんが、そんなことは不可能です。それに何十面もあれば音は入り交じって、一つのムードを作りますから、気にすることはありません。

日本の楽器は基本的には独奏楽器でしたから、大合奏には向いていないのです。ですから合奏の一人であれば、耳のいい演奏家は狂っていると思えば、自分の音量を小さくすることで、迷惑にならないように加減いたしますし、お互いに注意して演奏します。

ですから繰り返しますが、オーケストラのような音楽は生まれなかったのですし、作ろうとはしなかったのです。それが最近の流行でしょうが、三味線もおコトも、なにかの記念の会では、大合奏が行われています。これは会場が大きくなったからできるようになったのですが、同じ流派の盛んな様子を誇示しているわけです。それで大勢の弟子や孫弟子たちをまとめて面倒がみられますし、また団体の親睦もはかれるので、大きな演奏会でときどき見られます。

そうすると指揮者が欲しくなりますが、その歴史も経験もありませんから、誰か一人が中心になってリードし、ほかはその人についていく演奏になります。このようにして、日本音楽の演奏形態も少しずつ変わっていくのですが、さらに新しい形が生まれることになるかもしれませんが、会場の条件が大きなポイントになるでしょう。

◉第十三章

なぜ聴く機会がないのか

江戸時代の社会保障制度

日本音楽には奈良平安時代からの雅楽、その後に生まれた能楽、近世に発達した三味線音楽があって、それぞれの時代に聴く人、習う人がいたことは前に述べました。そしてそれを支えた貴族階級、武家階級、庶民という住み分けがあったと結論しました。そのうちとくに近世に生まれ、江戸時代に発達した三味線音楽は、ほとんど舞台で演奏された音楽でした。主流は劇場音楽だったのです。

しかし上方ではそれに対して、劇場音楽ではなく、家庭音楽も行われていました。いわゆる地歌で、簡単に言えばおコト中心の音楽です。これは盲人たちが教えていました。楽器はおコト、三味線、胡弓でした。これを三曲といいました。

江戸時代以前から盲人は多かったのです。それは医学が十分ではなく、衛生状態も今と比べると不完全だったからです。江戸時代には俗に「麻疹《はしか》の命定め、疱瘡《ほうそう》の器量定め」といわれたように、麻疹と疱瘡が何十年かおきに大流行しました。ともに高熱を発して死亡率が高かったのです。治療方法がわからなかったので、呪《まじな》いや漢方薬の類が行われていましたが、命をとりとめた人の中には目をやられて不自由になる人が増えてきました。

そこで今日でいう社会保障制度として、江戸幕府は盲人にさまざまな特権を与え、補助金を与えたりしています。その特権というのは金融業（金貸し）、医療（鍼灸業）、音楽教授（地歌のお稽古）がそれでした。そして盲人には検校、勾当、別当、座頭という位を定めて、盲人たちの組織を作りました（当道制度）。そして幕府あるいは貴族たちに慶事があると祝い金を与えました。江戸時代の社会保障制度はかなり早くから進んでいたのです。

学ぶべき点が多い制度

それ以前から盲人は各種の祈禱や音楽演奏を職業にしていましたが、とくに有名なのが平家琵琶でしょう。『平家物語』を琵琶の伴奏で語り、町々を廻っていたのです。それが三味線という楽器が輸入されると、これを改良して使用し、新しい三味線音楽を作り始めました。そのうちの一つが地歌です。

もともと和歌は、声を出して歌うものでしたが、『古今和歌集』などの古典和歌の文句を整理し、それに当時の民謡などを加えて、新しい音楽を始めました。それが三味線組唄でした。日本最初の芸術的歌曲だといわれていますが、作者として有名なのが八橋検校（一六一四〜八五）で、盲人音楽の基礎を作りました。

江戸時代初期には男性に歓迎された浄瑠璃が流行し始めていましたが、どれも力強い語り方で女性には向いていません。また三味線も太棹で重い楽器でしたので、女性の演奏には適していません。

その点細棹の（たとえば柳川三味線）やコトの楽器は家庭で演奏するのに向いていました。それに教え方にも工夫をこらして、一曲いくらというシステムにして教えました。江戸ではある特定の流派の全曲を習う方法が取られていたのですから、今日のカルチャーセンターのような合理的な制度でしたので、女性でも習う人が増えてきました。つれて盲人の演奏家も増えてきました。

名取制度や家元制度も巧みに取り入れて工夫した結果、上方では家庭音楽として定着したのです。家庭音楽ですから、音も静かです。大きくて広い場所はもともとなかったのですから、大きな演奏会はありません。曲もあまり長い曲はなく、短い曲がほとんどでしたから、演奏会は小規模で、これは現在でも同じことです。小さなグループのおさらい会ですから、友人、知人に親類縁者などがお客で、一般公開されることはほとんどありません。

現在ではリサイタルと称して演奏会を開く方もいますが、たいてい一日だけのことで、これは例外です。やがて流派が生まれ、芸姓に富の字を入れて富筋、あるいは中の字を使う中筋などが生まれました。現代では医学も進歩し、衛生状態が改善されたので、江戸時代と比べると、盲人は少なくなってきましたが、江戸幕府のとった社会保障制度には、学ぶべき所が大きいように思われます。

人形浄瑠璃の音楽

さて劇場音楽としては上方では人形浄瑠璃がありました。江戸では長唄、常磐津、富本、清元などが主な流派で（流派については別項参照）、共通しているのはその中に道行とクドキという場面があったことです。前にもふれましたが、道行はたいてい男女二人が何か理由があってどこかへ行くという場面です。比較的穏やかで、名所旧跡が出てくるので喜ばれました。クドキはたいてい若い女性が恋の恨みか悩みを表現する場面でした。

その他では常磐津、清元などの浄瑠璃所作事が喜ばれました。ある物語りの一部分、あるいはそのほとんどを三味線の伴奏で語りながら進めます。

その一つの代表が常磐津「関の扉」（積恋雪関扉）でした。これは天明四年（一七八四）に初演されたもので上下に分かれています。現在でも人気のあるのは下の部分ですが、役者の芝居とセリフがあり、それに常磐津の演奏があって進行します。下だけでおよそ一時間かかります。

良岑宗貞《よしみねのむねさだ》（僧正遍照）が逢坂山の関所の庵室に移し植えたのが墨染桜。関所の関守関兵衛は実は天下を狙う大伴黒主。宗貞の恋人が小野小町姫という六歌仙の世界で、妖術あり吉原の廓話あり、中国の伝説の物語りありで複雑です。おしまいは墨染桜の精が黒主を見破って追いつめるという筋です。

常磐津にはほかにもいくつかありますが、どれも常磐津だけの演奏会で取り上げようとすると、役者のセリフも言わなくてはなりませんし、基本的にはタテ（首席奏者）一人で語る（ワキ以下に人物を分けて語りますが、責任はタテにあります）ので、たいへんな体力とエネルギーが必要になりますし、前後のストーリーがわからないと、何のことやら理解できません。

そして内容はたいてい平安時代か奈良時代、あるいは戦国時代ですから、言葉が古いだけでなく、それに中国や日本の故事、和歌や漢語などが出てきますので、わからないことが多すぎて困ります。

短いものでも三十分以上ですが、独特な節（メロディー）があり、テンポはゆっくりです。内容は物語りですから、いわゆる美しいメロディーを認めるのはむずかしいでしょう。

長唄でいうと前に紹介した「京鹿子娘道成寺」があります。宝暦三年（一七五三）の初演でこれは完全な舞踊曲ですが、舞台を華やかにするために、はじめに義太夫の道行（常磐津でやることもあります）があり、次いで大勢の「聞いたか坊主」が出てこないと面白くありません。

さらに衣裳の引抜という早替りがあったりしますから変化があるのですが、それらをすべてやらないで長唄だけを演奏するとなっても、一時間弱かかります。曲は名曲ですが、これもやはり立唄が一人で唄うのが原則ですから、たいへんな体力とエネルギーが必要です。もちろんこれも二枚目（ワキ）以下の人に分けて歌ってもらいますが、全体の責任は立唄にあります。長唄ですから複雑な筋はないのですが、やはりそのもとになった伝説や踊りの手ぶりがわからないと面白くないでしょう。

長唄の名曲というと「勧進帳」があります。これは天保十一年（一八四〇）の初演ですが、役者のセリフがたくさんあるのでかなり長いお芝居です。

そのセリフをほとんどすべて省略して、長唄だけを演奏することがあります。これでは物語は全然わかりませんが、歌舞伎でよく上演されるので、筋はよく知られています。お芝居の場面を思い出しながら聴いてもわかりますから、長唄だけの演奏が成立するという不思議な名曲です。

長唄にはこのほか踊りのために作られた「吉原雀」「二人椀久《ににんわんきゅう》」「鏡獅子」などがありますが、わかる、わからないことだけをいうと、いずれも難しい文句が多いのでよくわかりません。

長唄「京鹿子娘道成寺」。初演時の正本表紙。宝暦３年（1753）。

清長絵「娘道成寺」天明3年(1783)。太田記念美術館蔵。『浮世絵八華2』(平凡社、1985年)。

演奏のためだけの音楽

江戸時代から踊りの制約から離れて、演奏のためだけの作曲が行われるようになりました。「吾妻八景」とか「秋色種」などがそれです。しかしこれは曲の数が少ないので、これだけで演奏会は成立しませんし、長期興行もできません。歌舞伎舞踊のようにスターの役者が踊るから、興行が成り立つのです。それを外して音楽だけの興行は無理ですし、唄（または語り）にスターが少なかったので、同じく興行は成立しなかったのです。

ただ江戸時代にはお金持ちの町人や大名に長唄好きな人がいました。そういう人は自宅に演奏家を呼んで特別な演奏会を開いて楽しんだようで、客にはご馳走したそうで、出費も多かったようでした。そこまで行かなくても、料亭などに贔負の演奏家を呼んで、長唄か浄瑠璃を一曲か二曲（一段か二段）聴いていた人もありました。そういうのを演奏家は「お座敷がついた」と言っていました。舞台出演のあとのアルバイトになっていましたが、最近ではそういう粋な人はいなくなったそうです。

情報が少ない演奏会

長唄の演奏会でも、浄瑠璃の演奏会でも、前に述べた地歌と同じく、おさらい会はありますが、個人となるとリサイタルという形式で、三～四曲の演奏が精一杯です。一日だけの会になります。聴きに来るのは弟子たちと友人知人、贔負の客（ファン）だけで会場は一杯になりますが、かといって二日間というのは聞いたことがありません。観客動員の絶対数が少ないので、よほどの名人のリサイタルでも大新聞では取り上げてくれませんし、批評も掲載されません。そのため三味線音楽だけの批評も業界誌上に限られてしまいました。リサイタルでも特別に宣伝はいたしません。業界誌以外には掲載されていないのです。

ごくふつう一般の人が、たとえば長唄を聴きたいと思っても、いつ、どこで、誰が、どんな曲を演奏するのかわからないのです。どうしても聴きたい人（がいれば）、直接演奏家本人に問い合わせるか、会場になりそうなホールか劇場、あるいは関係する団体事務所に聞いてみるほかはないでしょう。現在はパソコンかスマホが頼りになりそうです。

◉第十四章

伝統芸能・伝統音楽とは何か

もっとも大切なのが言葉

日本は言霊の国です。古代、言葉には不思議な霊力が宿っていて、その力が働いて言葉通りのことが起きると信じられていました。日本にはその伝承が生きていましたから、音楽・芸能でもっとも大切にされてきたのが言葉でした。そのためでしょう、日本音楽には器楽曲は育たなかったのです。

中国から輸入された雅楽は器楽曲中心でしたが、これを整理して、日本古来の歌い物＝催馬楽《さいばら》、今様、東遊《あずまあそび》、朗詠《ろうえい》などを加えて日本の雅楽に変えています。そして舞を主にした舞楽と二つに分けました。しかしこれらは日本古来の音楽とは言えませんから、本項でもあまり触れないことにします。

日本独自の音楽・芸能として能楽を取り上げますと、これは言葉を主にした物語り芸能です。まず言葉があり、それを助ける楽器として四拍子があることはほかでも述べました。四拍子は物語りの人物の出入や動作、あるいは舞の場面で演奏されますが、あくまで言葉の説明・補助であって、これだけを別にした演奏＝器楽演奏はありません。しいて言えば四拍子だけの小段＝序の舞、中の舞、早舞など二十以上ありますが短いもので、これだけを独立して演奏することはありません。

それに比べると、能楽の脚本は古く能本といい、現在は謡曲といいます。現存するのが一千番ほど。そして現在上演されるのは二百四十番で、ほとんど室町時代にできたものです。そのうち作者がわかっているのは全体の三割以下で、わからないものが圧倒的に多いのが特色です。主な作者としては観阿弥、世阿弥、観世元雅、金春禅竹、などです。

さてその謡の音程（音の高さは相対的ですが）長い歴史の中で、江戸時代と現在では同じではなかったようです。時代によって変化していたようです。これは古い謡本の譜で確認できます。また曲の拍（リズム）は曲の部分によって変化しますし、ここではとても説明できませんが、古くから譜はありました。心覚えのメモ程度のものから始まり、やがて江戸時代になるとかなり詳しい譜が考案されました。

明治四十年（一九〇七）に丸岡桂が『観世流改訂謡本』を発行し、それまでの謡曲の譜を整理して今日に至っています。文字と記号で実に詳しく書いた譜なのですが、歌う人の年齢や修行の差によって歌う人の音の高さは違いますから、ヨーロッパ音楽で使う五線譜のようには参りません。これは演能の詳しい記録であって、音の高さは相対的で、これを見ただけで誰でも演奏できるものではありません。

さて三味線音楽でも、やはり同じことでした。歌う（語る）文句を集めた本はかなり早くから出版されていますが、その文字の横に、胡麻のような「ゴマ譜」が書かれていましたが、書いていないものもありました。

また「文字譜」というのもありました。しかしこれも厳密ではないので、文句のどこから始まるかはわかっても、どこまでがそうなのか迷うところです。ある種の心覚えであり、メモだったのです。能楽の譜と同じで、どのように詳しい譜であっても、これを見ただけでは演奏できません。またそれに付随した芸談などで、ここはこういう気持ちで歌う（語る）ようにといっても、具体的な指示ではありませんから、これは無意味でしょう。

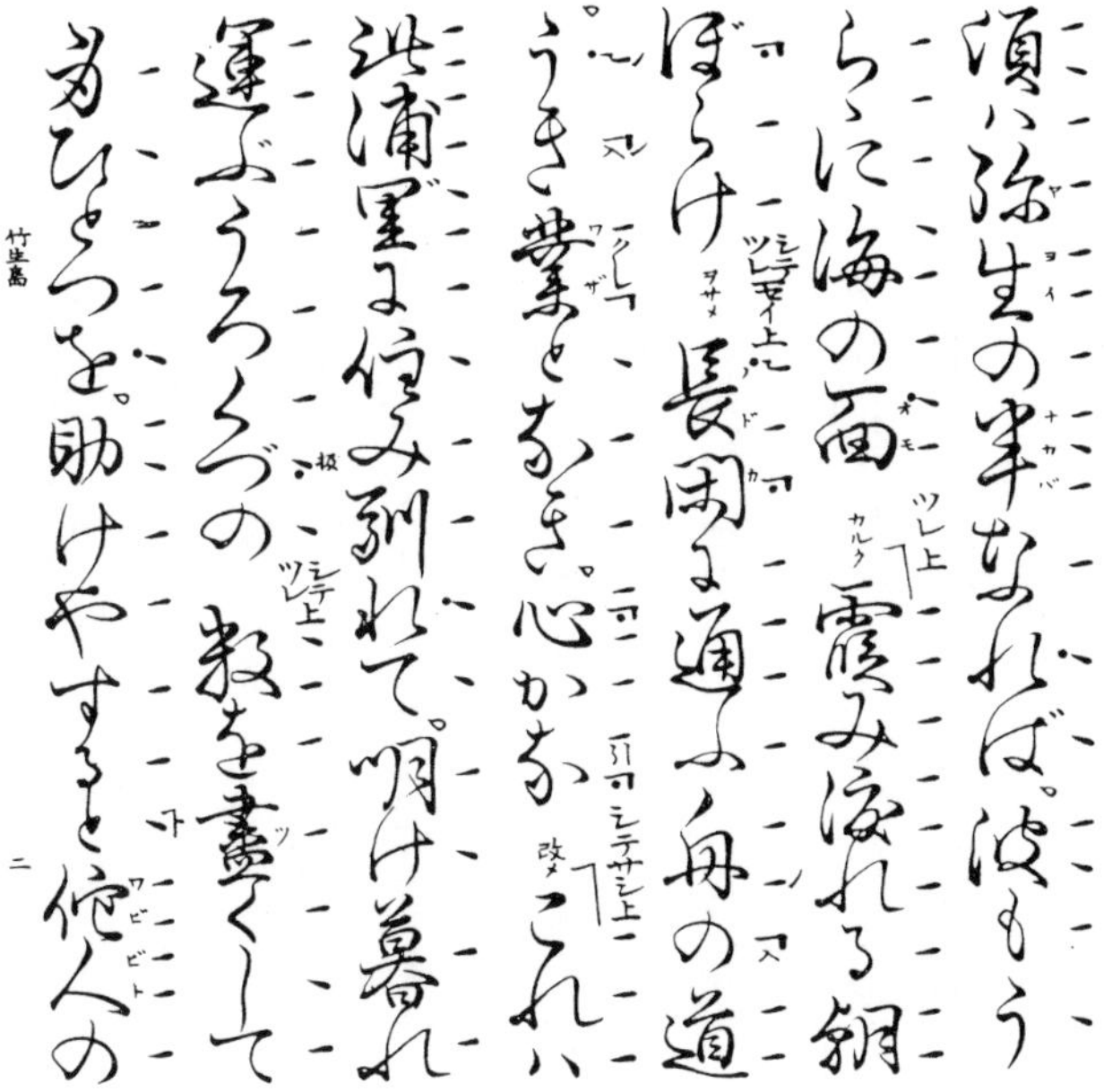

宝生流謡本「竹生島」。初番目物。太鼓あり。五流現行。漁翁と海女乙女が朝廷の臣下を竹生島に渡すのが前段。後段では弁財天と龍神が舞う。これは船に乗る前。

歌う人の邪魔になってはいけない

人の声の高さは千差万別です。その高さがわかってソプラノ、アルト、テナー、バスと分けたのがヨーロッパ音楽ですが、日本ではそれは考えなかったようです。高ければ高い声で、低ければ低いままでよろしいのです。そうしなければ一曲、あるいは一段は語る（歌う）ことはできません。それよりもその内容や雰囲気をどのように表現するのかが重要になりました。

たとえば「雨に濡れて」という文句があるとすると、それはどのような雨なのか、いつ降り始めたのか、主人公は傘をさしているのかいないのか、雨音をどのように聞いているのか、寂しいのか嬉しいのか、その短い文句の中にそれらの大事なことだけを表現するように求められます。

「嬉しい気持ちを込めて」語る（歌う）ようにと言われてもわかりません。歌詞にすべては書いてありませんから、そこで師匠についてその表現方法を習うのです。「雨に」の文句は少し高めの声がいいのか、低くしたほうがいいのか、それともそのあとに半拍子ほどあけたほうがいいのか、四分の一拍子ほどあけたほうがいいのか、それとも続けたほうがいいのか。どの字に力をいれたらいいのか、リズムは同じでいいのかと、繰り返して稽古してもらい、さらに自宅に帰って復習《さら》います。

師匠によってはその注意をメモすることを嫌う人がいました。ペンなどで書き込みをしようものなら「私のいうことが書けるのなら、明日から来なくていいよ」。ある弟子は自宅に帰ると大急ぎで注意をメモしました。ですから師匠の家に行くときの稽古本と、自宅で復習う稽古本と二冊持っていました。

さらにはじめにも述べたように、師匠と弟子でも声の高さは違います。その高さの違う声に合わせる三味線は、器用な師匠はまず自分の声の高さに合わせ（調律し）、弟子のときには弟子の声の高さに合わせてくれました。また語りかたでも、ふつうは三味線の糸の高さに乗せて語る（唄う）のですが、それをほんの少し外して高く語る（唄う）とうまく聞こえます。ところが一中節では語る高さは正確にして、三味線のほうが少しはずして低く弾くのです。これなどは理屈ではわかりません。

声を出す場合はこのような稽古でしたが、これが三味線の稽古になると大変です。とにかくすべてを覚えてしまわなくてはなりません。三味線のための稽古本はありません。前述した「雨に濡れて」ですと、まず雨の降るようすを表現しなければなりません。しとしと降っているのか、霧雨か、また本人が嬉しく聞いた雨の音も、反対に寂しく弾いてその対照で嬉しさを強調するという方法があります。

ですから三味線が「泣く」こともあれば「怒る」こともあるのですが、三味線はあくまで伴奏楽器です。歌う（語る）人の邪魔になってはいけません。主役になってもいけないのです。舞台ではメモの譜でも見ないのが原則です。

最近では新作の場合にその三味線譜（多く五線譜です）を譜面台に乗せて弾いている人が見られますが、お稽古が十分できていないのだなと思われて、なんだか馴染まないように聞こえてしまいます。たしかに難しい曲なのでしょうが、オーケストラ演奏では演奏家は譜だけ見ているようです。日本音楽で譜だけ見ているのを「譜勉強」（不勉強）とからかった人がいましたので、思い出すとおかしくなります。

厳しい稽古

これらの稽古には、古くは「寒稽古」とか「千回弾き」というのがありました。「寒稽古」は冬の寒い一日、わざと二階の物干（ベランダ）などで空に向かって声を出すのです。その他では海岸で海に向かって声を出したりして、俗に「声を潰す」という稽

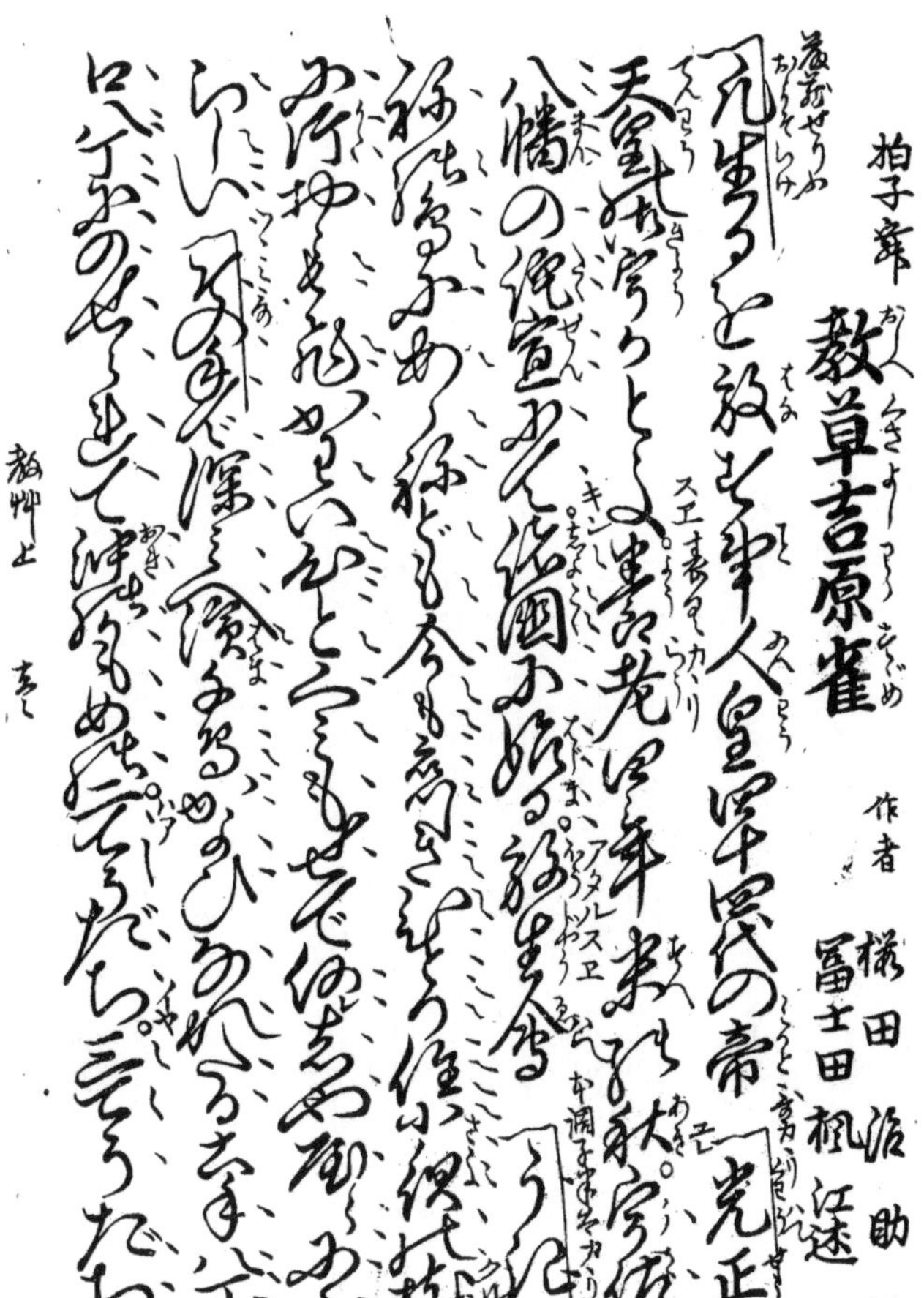
拍子舞

教草吉原雀

作者 桜田治助 冨士田楓江

長唄正本「教草吉原雀」明和５年（1768）。筆者蔵。

古もありました。また「千回弾き」というのは同じく二階の物干などで、一つの曲を休みなく千回弾き続けるというものです。弾き続けて指が利かなくなると、洗面器などに汲んである冷水に手を入れて刺激して、さらに続けるというものですが、最近ではともに効果がないという理由で、このような無理な練習をしないようになりました。

これでは譜は必要がありません。とにかくすべてを暗記してしまうのが稽古でしたし、練習だったのです。しかし古典はともかく新作の場合には、作曲家が少ないために忙しくなった結果、十分な稽古ができないので、五線譜に書き、テープを渡して自分でとりあえず覚えてもらうという形になりました。

これではリズムとメロディーがあるだけで、曲全体の面白みが薄れてしまっています。日本の音楽はリズムとメロディーだけで成立しているものではないのです。忘れないためのメモと楽譜との間には、天と地ほどの違いがあると思います。

国家が認めた伝統

以上のようにして作りあげられた伝統芸能や音楽は、無形の財産です。それで政府はこれらの財産を「無形文化財」と名付け、とくに優れた芸能または音楽を公開できる人を「重要無形文化財保持者」（俗に人間国宝）として年金を支給しています。

この始まりは戦後の昭和二十五年、年金制度がなかったころ、かなりの年齢に達した名人が食うに困っていたのを見かねたことと、日本が「文化国家」を目指したのとが合わさってできた制度です。もちろん芸能だけではなく、工芸技術（たとえば漆器、板金など）などのほかの業も含めるようになりました。

時代とともに変遷があり、音楽では現在では個人認定（人間国宝）と団体総合指定とがあり、雅楽、能楽（狂言を含む）、歌舞伎、文楽、義太夫、常磐津、清元、古曲（一中節、河東節、宮薗節、荻江節）などが、団体総合指定になっています。どちらの指定、あるいは認定も生涯の資格で、辞退することはできないというのが欠点でしょう。しかし、はじめは年金の制度のつもりで作られた制度ですから、そのままです。

このように国家が認めた伝統芸能・音楽ですが、年金というにはあまりにも少ない金額で、しかもそのほかの伝承事業や育成事業は個人または団体任せで、国はなにもしていないのです。一時は「国家指定芸能鑑賞会」を文化庁主催で開催していましたが、いつの間にかなくなりました。私の知っていたある代議士は、「文化は票にならない」とはっきり言っていました。

それが現在の文化行政で、ほとんど何もしない文化庁は、最近、文化省に格上げすることに力を入れているようです。江戸時代には禁止令を発行するだけだった徳川幕府よりは進歩したといえるでしょう。

現在の文化行政で、国立劇場、おきなわ国立劇場、新国立劇場、国立能楽堂、国立演芸場、国立文楽劇場、などのハコ物を建て、それらの劇場の管理、運営を監督しています。文化憲章は作ったようですが空文で、これといった結果は出ていません。それに飽きた芸能団体から、文化庁を文化省に格上げしようという気運が出てきたようですが、文化庁は京都に移転することが決まっています。政府にとっての文化は、先ほどの代議士ではありませんが「票にならない」ものなのです。

さらに文化省に格上げしようという運動も、具体的にどうしたらいいのか、どうしてほしいのか、はっきりしていません。このままでは省になっても新しいハコ物と役人が増えるだけで、あとは予算を増やす方法を考えるでしょうが、仮に予算が増えても、文化行政はなにをしたらいいのかわからないので、専門委員会を設置して、そのお智恵を借りることでしょう。お役所とは自分では何もしないところなのです。

江戸の文化は大きな目で見ると幕府に反対するところから生まれ、育ってきたものだと思います。現在では社会が変わってきたので、江戸時代のようには参りません。

大方のハコ物は補助金漬けでしょうが、予算削減の影響でさらに減らされて、経営は次第に苦しくなってきているようです。さらに各種の補助金も同じですが、これらも減らされています。そして「国民の税金」ですからと、予算、決算の報告書は厳密に査定されます。

これは私の経験ですが、二十年ほど昔、ある演奏会の補助金の予算書で、入場券の売り上げを四百枚として提出しました。苦労した甲斐あって四百三枚売れました。決算書を提出したところ、褒められるかと思いのほか、なんと予算書を書き直すように指示されたのです。四百三枚の予算書にしろというのです。予算書と決算書のすべての数字が一致していなくてはならないというのです。それができるのは神様だけでしょうと居直りましたが、私の抗議は無駄でした。それ以後はその補助金は申請しないことにしましたが、思い出しても悔しいことでした。今でも同じ悔しい思いをしている人がいるのでしょうか。

◉第十五章

日本音楽の特色と将来

三世杵屋正治郎

日本にはさまざまな音楽があります。雅楽は千三百年以上、能楽は六百年以上、三味線音楽は四百年以上の歴史があります。そしてさらにそれらの音楽は当時のままの姿で現在でも聴くことができるという「伝承」という特色があることです。ただし正確な楽譜がなかったために口頭伝承でしたから、その間には間違って伝承されたものもあるだろうし、変化したに違いないから、昔のままとはいえないという苦情があって当然です。

しかしこれらの伝承のようすを知れば、口頭伝承は正確な伝承です。原則として親子代々で、そうでない場合には、優れた弟子が芸養子になったりしています。ただし義太夫節の場合は親子でなくとも、それにふさわしい人が伝えていると認めれば、その芸名を襲名するようになっていました。たとえばコトの山田流では、流祖は山田検校ですが、二世山田検校は生まれません。しかし、山の字を使った弟子系の家があります。

それらに比べると、雅楽、能楽、歌舞伎とその音楽の演奏家は、その代数が重要です。長い間には代々名人が出るとは限りません。ある時代には衰えることもありましたが、やがて流祖に劣らぬ名人があらわれて盛り返した例はいくつもあります。

ヨーロッパ音楽では、十一代目バッハとか七代目モーツアルトというような例はありません。たまたま親子で似たような音楽に関係する仕事をした人はありますが、それは偶然のことで、バッハ親子、シュトラウス親子の例はあっても、親の芸を継ぐという考えはなかったのです。ドイツでは職人の業をつぐマイスターという制度はあるようですが、芸に関してはそのような例は皆無です。

どのような古典作品でも、初演したときは新作です。完全な楽譜も録音もなかった時代には、誰かが覚えて（記憶して）おかなくては失われてしまいます。それが面白いので再演されるようになったとき、覚えていた人が教えることになります。たとえ作曲した人が死んで二十年、三十年たったときでも、再演することができます。そこが楽譜で作曲してきたヨーロッパ音楽との大きな違いだと思います。

ほかのところでも述べたように、能楽や三味線音楽は演奏家が作曲をするのがほとんどでした。しかしいかに演奏が名人でも、作曲の才能があるとは限りません。まして演奏家が家元であった場合（よくあることです）、優れた弟子に作曲を頼むことがありましたが、作曲がよかったのかそれを生かした演奏がよかったのか、むつかしいことがあります。そして家元の権威が関係して、弟子が作曲したものでも、家元名義で出版することがありましたが、それが面白くないといって分派した人もいました。

似たような例は義太夫節にもありました。明治になってからの新作義太夫では、わずかに明治二十年（一八八七）に初演された「壺坂観音霊験記《つぼさかかんのんれいげんき》」（ただしこの原形は明治十二年にできている）くらいですが、これは竹本大隅《たけもとおおすみ》太夫《だゆう》がかかわったから成功したものでした。その後もいくつかの新作は生まれましたが、現在に残る作品は「二月堂良弁《にがつどうろうべん》杉《すぎ》の由来《ゆらい》」くらいなもので、そのほかにはないといっていいでしょう。

その理由は義太夫節が言葉と物語りが中心ですから、まず優れた台本作者と優れた作曲者、それを生かす優れた演奏家が揃わなければ新作の義太夫節は生まれませんし、残るような名作は生まれません。それが揃わなかった明治時代には後世に残る名作は生まれなかったのです。

それは箏曲・地歌にもいえることですが、幸いに言葉を使わない器楽曲の作品に名作がいくつか生まれました。しかし言葉のない音楽は日本人には向いていなかったのでしょう。「六段の調べ」「きぬた」だけで後は続いていません。「千鳥の曲」などは、和歌という形で言葉があっても、器楽曲のように聴こえるのは、曲中の「手事」という部分を独立して聴くことがあるからです。最近になって西洋音楽系の作曲家が、ヨーロッパ音楽風の曲名をつけた器楽曲を発表していますが、やはりあまり歓迎はされていないようです。繰り返しますが、日本音楽には言葉がない音楽は、感銘をうけないとしか考えられません。

その点、長唄ははじめから器楽曲は作らなかったのです。ふつう「合方」といわれる器楽だけの部分は、気分をかえる働きをします。舞踊では役者が着替えるために休む時間に演奏されたりしますが、それも言葉に関係しています。

三世杵屋正治郎ほか

ここで一人の天才を紹介しましょう。三世杵屋正治郎（一八二七〜九五）です。新作長唄では「元禄花見踊」「梅《うめ》の栄《さかえ》」「連獅子《れんじし》」「鏡獅子《かがみじし》」など多くの名作を作曲しましたが、その他では「鷺娘」の編曲、あるいは「娘道成寺」のチンチリレンの合方をつけ加えたり、「勧進帳」に瀧流しの合方を加えるなど、現行の長唄のおもしろさを強調した天才だったと思います。しかし彼は最後まで長唄の杵屋正治郎でした。その後も多くの演奏家兼作曲者が出て、長唄には名作が生まれて今日にいたっています。

常磐津は江戸時代末ごろから名人が出て盛んになりますし、明治維新の後も名人林中が出て人気を博し、また坪内逍遙が力を入れた「お夏狂乱」が作られました。このほか舞踊劇や日本オペラのような「新曲浦島」などを発表し、当時の演奏家兼作曲者が協力しましたが、題材は日本のもので、まったく新しいものは作りませんでした。

清元も同じで、題材は日本のものに限られていたのは時代色なのでしょう。同じく演奏家兼作曲者には優れた人がいましたので、河竹黙阿弥と結んで明治時代にも続けて名作が生まれましたが、やはりまったく新しいといえる作品は生まれなかったのです。

明治維新以後の文明開化は、三味線音楽の見直しはあったものの、それ以前の改良、手直しが主流でした。前述した以外では新内、一中節にも同じ傾向が見られますし、それなりの成果はあげていますが、流行に遅れないようにしたという気分が感じられ、その体質は古いままでした。相かわらず演奏家が作曲していました。

自国の音楽を救えなかった日本

それよりもヨーロッパ音楽を輸入することが大切でした。ここでも海外からの音楽・芸能を日本化するのが巧みだった国民性が発揮されました。

まずやさしい歌曲や民謡の歌詞を翻訳して、もとのメロディーにあてはめる作業が始まり、学校音楽で教えるようになります。指揮者も形を輸入して小学校で教えました。もともとの日本音楽は学校音楽にはならなかったのです。能楽も三味線音楽も、学校音楽には向かないと考えました。能楽は音楽とは思いません。三味線音楽は遊女を主人公にしているものが多いので、教材には適していない。さらにそれらを教えられる教師もいない。

できない理由を並べ立てて、今までの日本の音楽を改めて、学校教育に適した音楽を作ろうとは考えませんでした。それよりも優れていると思うヨーロッパ音楽を輸入することだけを考えたのです。ここに海外文化を尊重する国民性があらわれていました。

かくして明治二十一年(一八八八)、スコットランド民謡を翻訳して「故郷の空」にしたのが始まりで、その後「旅愁」「庭の千草」「埴生の宿」「螢の光」など、すっかり日本化した歌が教えられました。今日ほとんどの人が日本音楽だと思っている曲が作られました。これが西洋化であり、教養であると考えたのです。昔からあって長い伝承の賜物である日本音楽は、完全に無視されました。日本は自国の音楽を教えなかった世界に類のない近代国家になったのです。

知識は外国人が書いた本から

明治二十一年にスコットランド民謡を大和田建樹が翻訳して「夕空晴れて秋風吹き」としました。年配者には覚えて(習って)いる人があると思いますが、この次の歌詞にはあきれてしまいます。なんと「月影落ちて鈴虫鳴く」です。

北ヨーロッパには鳴く虫はいないのです。最近ではやや原語に近い「誰かさんと誰かさんが麦畑」となっているようですが、ヨーロッパ音楽では虫の鳴く声をテーマにした音楽はほとんどないことを当時の人は誰も知らなかったのです。もちろんかなり後まで多くの日本人が留学していたはずですが、虫の鳴く声に注目した人は近年までいなかったのです。しかしこれは日本の歌だと思えば腹は立たないでしょう。

音楽は教養の一部であるという考えは、雅楽とともに孔子の教えとして輸入されたのにもかかわらず、ついに定着しませんでした。

そうして次には器楽曲が輸入されました。オペラはまず言葉がわかりませんし、演出家もいません。演奏には莫大な手間と費用がかかります。もちろん簡単に学校音楽にはなりません。ヨーロッパでも音楽が教養になったのは十九世紀になってからです。

その教養主義に固まった音楽＝器楽曲が、明治新政府の国家統一に合致したのです。主として楽譜とレコードで輸入された音楽が、知識人の教養になります。大都会に住み、外国語が読めて音楽がわかる、というのが教養ある知識人の条件になりました。レコードはたいへん高価でした。研究者も演奏家も極端に少ない時代でしたから、ナマ演奏はほとんど聴くことはできません。外国語が読めるので、すべての知識は外国人の書いた入門書、教養書でした。

大事なのは聴衆を増やすこと

こうしてヨーロッパ音楽は、未熟でしたが輸入には積極的で、意欲にあふれていましたが、ひるがえって日本の伝統音楽はなにもできなかったし、しませんでした。愛好者は大勢いたのですが、これに向き合う研究者は少なかったのです。習う人にとっては趣味・娯楽であり、極端に言えば道楽の一部でした。日本の伝統音楽が研究対象であるとは思わなかったのです。それでも数は少なくとも、雅楽、能楽、人形浄瑠璃(文楽)、歌舞伎にはいたのですが、三味線音楽にはどなたも注意しませんでした。

そのため西洋の音楽については官立(国立)の音楽学校はありましたが、日本音楽の扱いはほんの添え物でした。不思議なのは、ほんの添え物でも官立の音楽学校では日本の伝統音楽を教えていたのに、私立の音楽学校では日本の伝統音楽は実技も講座もなかったことです。

私立の音楽学校では営々と西洋音楽の実技だけを教え続けていました。その過程が不十分だったので、優秀な学生は早ければ在学中に、おそくなれば卒業後に、外国の音楽大学に留学していましたが、日本経済が発達した最近では、もっと早くから外国の音楽学校に留学するようになりました。最近まで日本の音楽大学で教えていた教員は、技術も教え方も古くなってレベルは落ちていましたが、権威だけは残っていたようです。

さらには、西洋には音楽の技術を教える専門学校のほかに、総合大学には音楽美学のような哲学系の講座があるのは当然なのに、日本の総合大学にはそのような講座はなかったのです。日本の音楽専門学校は、西洋音楽の実技（技術）だけを教え続けてきたのです。それも日本の伝統音楽の教え方とおなじように、ピアノで言えば肘の曲げ方、指の位置など、音楽ではない技術を教えてきました。西洋音楽は単なる技術でしかなかったのです。

それは伝統音楽でも起こっていました。専門の演奏家育成を第一として、聴く人を育てる＝鑑賞者を育てる講座はなかったのです。こうして文明開化のツケ＝江戸時代からのツケが今になって回ってきているのです。

このままでは日本音楽はなくなってしまいそうです。長い歴史と伝承で今日まで残った音楽をどうしたら良いのでしょう。まず正しく保存をして後継者を育てて伝えて行かなくてはなりません。伝承が途絶えたらなくなってしまいます。その例はいくつもあります。

それを防ぐには経済的な支援も必要でしょうが、これにはいろいろな問題と課題があります。その反面では新しい作詞家を育てることだと思います。日本の音楽は言葉の音楽ですから、日本の伝統音楽に精通していて、現代をよく理解している人の中から作詞の才能ある者を探すことが大事だと思います。もちろん作詞家にも経済的な支援はあったほうがいいでしょう。

そうしてもっとも大事なのが「聴く人」つまり聴衆を増やすことです。CDやDVDではなく、もちろんパソコンやスマホではなく、ナマの演奏を熱心に聴いてくれる人がいれば演奏家のはげみになり、その中からかならず名人が生まれてきます。

植民地で生まれ育って軍国少年だった私が、戦後引き揚げてきて伝統音楽にかかわるようになろうとは、思いもよらぬことでした。不思議な縁でよき師と出会い、そしてすばらしい演奏家と知り合うようになり、その演奏を聴くことができました。すべては天の配剤であり、運命だったなと思います。

自分ではなにも演奏できませんが、一人ぐらいそういう者がいてもいいだろうと慰めながら、演奏を聴くことに集中してきました。半世紀以上は、聴くことと考えることが私の仕事でした。それらをまとめたのが本書ですが、あらためて読み直してみると、この程度の成果だったのかと思います。しかしその反面、心を打たれた演奏に出会えたことは、幸せな人生だったと思います。金銭では手に入れられない感動が得られたのですから、よかったといたしましょう。

私が感銘を受けた演奏は、本文中に少し紹介しましたが、まだほかにもたくさんありました。その本当のところは言葉では説明できません。優れた演奏を聴いた夜は、なかなか寝つかれなかったことを思い出します。

同じときに同じ演奏を聴いた人の感想は、人さまざまのようでしたが、本当に感動した人は、むしろ黙って帰るようです。言葉で説明できないのはどなたも同じだったようで、自分の心の中に大事にしておきたいものです。たいていは「良かった」「素晴らしかった」くらいでした。後でアンケートを見ることがありますが、やはり答えは同じでした。むしろ自分が感動したことは黙っていたいのでしょう。

たまに新聞批評などでヨーロッパ音楽を褒めてあるのを読むことがありますが、これが実に難しいことに不思議に思うことがあります。本当に感動したのかどうかわからないのです。それは能楽でも歌舞伎でも同じです。そういえば昔の歌舞伎批評には、執筆者が感激したらしい雰囲気の批評がありましたが、近年はついぞお目にかかりません。批評が仕事になると、いつも感動している余裕はないのでしょう。

本文中にも記しましたが、ぜひともナマの演奏を聴いていただきたいのです。そして感動した、良かったという褒めの言葉を演奏家に伝えていただきたいのです。たまたま会うことがあって褒めるのもいいのですが、それこそハガキ一枚でいいのですから、演奏を聴いた後すぐに、褒めていただきたい。実は演奏家にはそういう反響が伝わっていないのです。ナマの反響ほど本人を励ますものはありません。

良い評価はなかなか伝わらないのです。その代わり悪い評価はすぐに広がります。もう昔のことになりますが、某先生が私のこのような意見をある会場（NHKの放送に関する座談会）で話をして、その場でハガキを配ったことがありましたが、ついにどなたもそのハガキを使用したことはなかったようだと、その先生が嘆いておられました。ツイッターでつぶやくほうが簡単かもしれませんが、文章の力は大きいのです。「××の演奏で感激した」あるいは「××の演奏は素晴らしかった」だけで励みになります。

そうして優れた演奏家を育てるのがあなたの仕事なのです。そうすればこの素晴らしい日本の音楽も勢いを盛り返して、次の世代に伝わっていくでしょう。どうぞ積極的にナマの演奏を聴いて（良かったら）褒めてあげてください。お願いします。

二〇一七年一月

竹内道敬

創刊の辞

この叢書は、これまでに放送大学の授業で用いられた印刷教材つまりテキストの一部を、再録する形で作成されたものである。一旦作成されたテキストは、これを用いて同時に放映されるテレビ、ラジオ（一部インターネット）の放送教材が一般に四年間で閉講される関係で、やはり四年間でその使命を終える仕組みになっている。使命を終えたテキストは、それ以後世の中に登場することはない。これでは、あまりにもったいないという声が、近年、大学の内外で起こってきた。というのも放送大学のテキストは、関係する教員がその優れた研究業績を基に時間とエネルギーをかけ、文字通り精魂をこめ執筆したものだからである。これらのテキストの中には、世間で出版業界によって刊行されている新書、叢書の類と比較して遜色のない、否それを凌駕する内容のものが数多あると自負している。本叢書が豊かな文化的教養の書として、多数の読者に迎えられることを切望してやまない。

二〇〇九年二月

放送大学長　石　弘光

放送大学

学びたい人すべてに開かれた
遠隔教育の大学

〒261-8586 千葉市美浜区若葉2-11
Tel: 043-276-5111　Fax: 043-297-2781　www.ouj.ac.jp

竹内 道敬（たけうち・みちたか）
日本近世音楽史。武蔵野音楽大学、お茶の水女子大学、東京藝術大学、国立音楽大学などの非常勤講師のほか、文化庁芸術祭音楽部門審査委員、芸術選奨選考委員、芸術作品賞選考委員、文化財保護審議委員などを歴任。一般財団法人古曲会の設立、運営に尽力。主著に『河東節二百五十年』（河東節二百五十年刊行会）、『近世芸能史の研究』（南窓社、東洋音楽学会田邉賞）、『近世邦楽研究ノート』（名著刊行会、日本演劇学会河竹賞）、『日本音楽の基礎概念』（放送大学教育振興会）、『続近世邦楽考』（南窓社）。主な監修、解説をしたレコード類に「荻江節考」（コロムビア、文化庁芸術祭優秀賞）、「一中節古典名作選」（テイチク、文化庁芸術祭大賞）、「一中節宇治紫文選集」（テイチク、文化庁芸術作品賞）、「三世相錦繍文章」（ビクター伝統文化振興財団、文化庁芸術祭大賞）。

1932年　大連市生まれ
1957年　早稲田大学大学院文学研究科修士課程修了
1992年　国立音楽大学教授
1996年　放送大学客員教授
1997年　国立音楽大学定年退職
2006年　放送大学任期満了退職

シリーズ企画：放送大学

日本音楽のなぜ?
歌舞伎・能楽・雅楽が楽しくなる

2017年3月10日　第一刷発行

著者　竹内道敬
発行者　小柳学
発行所　株式会社左右社
〒150-0002 東京都渋谷区渋谷2-7-6-502
Tel: 03-3486-6583　Fax: 03-3486-6584
http://www.sayusha.com
装幀　松田行正＋杉本聖士
印刷・製本　創栄図書印刷株式会社

Printed in Japan ISBN978-4-86528-168-2

放送大学叢書

ミュージックスとの付き合い方

民族音楽学の拡がり

徳丸吉彦　定価二二〇〇円＋税

人間はなぜ音楽をつくり演奏しているのか。音楽という営みの全体像に迫る、第一人者による民族音楽学入門。西洋中心主義的な音楽観が一八〇度覆される一冊。

芸術は世界の力である

青山昌文　定価一九〇〇円＋税

世界の根源的なパワーを表現しつくした古典芸術の傑作に深く酔いしれるためにはこうすれば良い！　感動と驚きと未知なる体験が待っている、常識をこえた西洋芸術入門書。

茶の湯といけばなの歴史

日本の生活文化

熊倉功夫　定価一七一四円＋税〈三刷〉

茶の湯といけばなを中心に、その視野を桂離宮の美意識、日本料理における食礼、柳宗悦の工芸運動にまで広げて、日本人の民族性と日本文化の底流を見ていく。